中公新書 2837

酒井大輔著

日本政治学史

丸山眞男からジェンダー論、実験政治学まで

中央公論新社刊

まえがき——科学としての政治学の百年

ひと頃まで、日本の政治学の歴史は、その語られなさが嘆かれてきた。日本で最も引用された政治学者の丸山《まるやま》眞男《まさお》（一九一四〜九六）は、一九八〇年秋の晴れた日、一四〇〇人の聴衆で満員となった早稲田大学大隈講堂で登壇し、こう発言している。

> 私の感想としては、近代日本について広い意味の思想史というものについては非常に多くの研究がなされ、また、優れた研究もございますけれど、近代日本の学問の歴史ということについて、特に社会科学については著しく未開拓ではないか、という感じが強いのであります。（略）今日の政治学の、あるいは今後の政治学の発展にしましても、およそ学問というものは、過去の蓄積の積み重ねの上になされるという本来の性質を持っておりますのに、学問史——近代日本の社会科学の歴史というもの——の研究が本当になされていないことは、大変遺憾なことではないか。
>
> （丸山二〇〇八）

この日の講演会は、大正期に活躍した政治学者・大山郁夫《いくお》（一八八〇〜一九五五）の生誕百年記念会だった。丸山は、大山の業績が「あまりに注目されなさすぎる」現状に触れ、経済学を除く日本の学問史、とりわけ政治学史の研究の不振を訴えたのである。当時、日本の政治学史といえば、蠟山政道《ろうやままさみち》（一八九五〜一九八〇）の一九四九年の著書『日本における近代政治学の発達』があるのみだった。

なぜ日本の政治学史の語りは低調なのか。丸山は言う。「これにはいろいろな理由があると思います。非常に通俗的に申せば、私共の風土に非常に根強い最新流行主義——いつも最新の流行のモードを追っかけている、外国に新しい学説が出るとパッとそれを紹介する」。「過去の蓄積の上に新しいものを創造していく」姿勢が乏しく、そのことが、「日本の、狭く言えば学問、広く言えば文化の底の浅さをなしている」という。輸入学問批判に通じる議論といえよう。これ自体が、政治学史の構造について一つの理解を示している。

丸山はかねて同様の主張を表明してきた。早くも四七年の論考「科学としての政治学」では、「ヨーロッパの学界でのときどきの主題や方法を絶えず追いかけているのが、わが学界一般の通有する傾向」と述べた。六一年の『日本の思想』では、さらに「思想が対決と蓄積の上に歴史的に構造化されない」ことが日本の伝統とされ、その一端を担うのが「輸入取次業」にいそしむ日本の学界とされた。

だとすれば問題の根は深い。学問でさえ、思想や議論が蓄積されない日本文化のパターンの例外でないというのだ。研究業績が次の探究の踏み台となり、次々と知見が積み重なることが学問の本質だとすれば、日本の政治学はその逸脱として理解され、真の発達はないことになる。自国の学問の発展史に強い関心が生まれるはずがない。

しかし、本当にそうだろうか。冒頭の丸山の発言から四〇年以上が経過し、その間、日本の政治学史を主題とする著作も書かれるようになった。今では、過去の政治学者たちが単なる「輸入取次業」だったとは考えられていない。海外の動向や日本の現実を前にして、政治学者たちがどのような知的営為を展開したのか、個別に検討する段階に入っている。本書は、個々の政治学者にスポットをあて、日本の「科学としての政治学」がどのような軌跡を経て現在に至ったのか、その歴史を辿るものである。

本書はおよそ一〇年ごとに叙述を進める。序章では学史方法論を述べ、戦後政治学のアウトラインを押さえた上で、政治学者の指針となった丸山眞男の論考を学史的に読んでみたい。

第1章は、戦後から一九五四年頃まで、民主主義と再建と逆コースの危機の中、科学を追い求めた研究者たちを扱う。人びとの政治意識を調査した蠟山政道、日本政治学会の創設とともに共同研究を行った岡義武《おかよしたけ》のグループの軌跡を追う。

第2章では、五五年頃から米国の行動科学にインパクトを受けて日本政治研究に着手した代表的学者として、石田雄《たけし》、升味準之輔《ますみじゅんのすけ》、京極純一の業績を取り上げる。

第3章は、六〇年代後半から始まる停滞期の中、従来とは異質な潮流を主題とする。焦点があたるのは田口富久治《ふくじ》のマルクス主義と三宅一郎の投票行動研究である。

第4章では、八〇年代に台頭した政治学の「新しい流れ」を中心に、従来の政治学との対立と連続の様相を見たい。雑誌『レヴァイアサン』に集った大嶽《おおたけ》秀夫、村松岐夫《みちお》、猪口孝《いのぐちたかし》や、自民党の助言者として行動した佐藤誠三郎がその中心になる。

第5章では、八〇年代後半から九〇年代の政治改革の気運の中、政治改革推進協議会（いわゆる民間政治臨調）など選挙制度改革に取り組んだ人々、そして科学の方法を刷新した新制度論の登場した意味を考える。

第6章は、二〇〇〇年代から現在であり、政治学の発展と再構成の試みとして、ジェンダー研究と実験政治学を紹介したい。

終章は政治学者を対象とした二つの調査を取り上げ、政治学の目的などに関する考え方の変化を確認した上で、本書の議論をまとめる。

学史はたんなる回顧ではない。政治学が「社会の自己反省装置」（宇野二〇一一）であるとすれば、その歴史は、私たちの社会が適切な反省の手がかりを手にしてきたかの検討素材となる。戦後政治学の読み直しはその豊かな可能性を提供するはずだ。

目次

図表作成：志岐デザイン事務所

日本政治学史

［凡例］　史料の引用にあたり旧字体は新字体に改めた。

序章　本書の方法

政治学史という言葉

政治学がいつから存在するのかは諸説ある。少なくとも日本では、明治期に西洋を模範として大学制度が整備されてから、職業的な研究者たちが主にこれを担ってきた。だが長らく、日本の政治学史は顧《かえり》みる対象にならず、その歴史がどのようなものか、政治学者の間ですら共有知識になってこなかった。

政治学史という言葉がなかったわけではない。それどころか、少なくとも早稲田大学では一九〇三年、東京帝国大学（現・東京大学）では一九〇八年に「政治学史」の科目が開講され、伝統と権威をもつ言葉としてあった。だが、多くは政治思想や政治哲学の歴史を指していた。例えば政治哲学者の南原繁《なんばらしげる》（一八八九～一九七四）は、一九四一年、東京帝国大学の「政治学史」の開講にあたり、この言葉をこう説明する。

それは、文字通りの「政治学史」――近代の政治科学が成立するに至った沿革的過程を辿るところのHistory of Political Science――ではない。（略）われわれは、それを政治学とは独立した「政治理論史」（History of Political Theories）、または「政治哲学史」（History of Political Philosophy）として理解するのである。

（南原一九七三）

南原がこう述べた背景には、第二次世界大戦の渦中、古典を通した政治の原理的探究への強い意思がある。だが結果的に、「政治学史」は政治哲学を軸に解釈され、南原のいう「文字通りの」政治学史は関心の外におかれたのである。

状況が変わったのは、前述の丸山の講演のあった一九八〇年代からだ。戦前の早稲田大学を扱った吉村正《ただし》『政治科学の先駆者たち』（一九八二年）を嚆矢《こうし》に、大嶽秀夫『戦後政治と政治学』（一九九四年）、同『高度成長期の政治学』（一九九九年）、田口富久治『戦後日本政治学史』（二〇〇一年）、渡部純『現代日本政治研究と丸山眞男』（二〇一〇年）を代表として、現在も研究は続いている。本書もまた、これらを土台に成り立っている。

科学としての政治学

これまでの学史研究でほぼ必ず言及されてきたのは、「科学としての政治学」という標語だ。日本の政治学で独特の重みをもつこの言葉は、一般的には、思想や実践からは区別された客観的または理論的な知識の体系、ないしその研究規範を指している。だが、その内実は異なる意味づけと構想がせめぎあう言葉だった。実のところ、日本政治学の発展史は「科学としての政治学」をめぐる論争史としての側面をもつ。

政治学を科学に模するアイデアの起源は古い。日本では百年前、大山郁夫の『政治の社会的基礎』（一九二三年）がある。政治学がいまだ法学の強い影響下にあった当時、グンプロヴィッツらのオーストリア学派社会学に触発された大山は、「科学の役目は、価値の主観的量定でなくて、客観的事実の認識である」と述べ、従来の国家思想を価値に基づく「理想主義的政治学説」であると批判した。国家を法的現象として捉える思考から脱却し、社会集団の観察を基礎として社会法則を探求すべきだとし、自然科学になぞらえ、事実と価値の峻別や帰納法などの道具立てで「科学としての政治学」の確立を訴えたのである。政治学が「独立科学」として、法学からの自立を遂げる一局面といえよう。大山の先見性は、後に「実に「科学としての政治学」は氏によって一つの礎石が置かれたといってよい」と蠟山に評されることに

丸山眞男　写真提供：朝日新聞社

なる。

だが、大山の構想は継承されなかった。そればかりか同時代人に批判されていた（三谷二〇一三）。理由は様々あるだろう。一つは大山が言うように、古今、政治の学問は権力との間に微妙な関係をはらみ、抑圧的な体制下では発展しがたい。少なくとも当時の日本はそうだ。この政治学の貧困を指して、蠟山は『政治学の任務と対象』（一九二五年）で「英才に見捨てられたる政治学」とさえ書いたのである。

敗戦後、曲がりなりにも民主化改革が進む中、丸山が改めて「科学としての政治学」を掲げ、この言葉は再生した。実質的な展開が始まるのはここからである。

引用の分析

本書では、現代日本政治を分析対象とした、代表的な研究をとりあげることにしたい。だが、代表的な研究をどのように特定するのか、という学史方法論の厄介な問題がある。

一般に、学者や思想家が何を言ったかに比べて、それらがどう読まれ、評価されたかを体系的に調べることは難易度が高い。調査範囲が極端に膨大なためだ。科学の科学（science of science）や計量書誌学（bibilometrics）と呼ばれる分野では、引用の分析によってこれに対処してきた。

引用（citation）は科学で特別な意味をもつ。ここでの引用とは、ある文献が他の文献に言及することを指す。参考文献リストや注などの形をとる。引用は、先行研究の明示、主張の根拠の提示、批判など、さまざまな動機に導かれているが、いずれも引用先文献との関連性を明示する機能をもつ。

なぜ引用に注目するのか。これは私たちの科学観にかかわる。近代科学は知識の積み重ねを本性とし、論文では先行研究の引用がこれを担保する。引用された文献は次の探究の踏み台となり、累積した知見は教科書に集約され、やがて昔の業績は忘れられていく。学史がこのサイクルをとるとするなら、科学を科学たらしめるミクロな基礎の一つが引用なのである。こうした科学史の考え方は、科学の本質を認識方法に求め、科学特有の発見の論理を探求する科学哲学的アプローチとは著しい対照といえる。

この考え方からすれば、名著は優れた内容だけでは学史上の名著たりえない。多くの後続研究によって参照され、踏み台とされ、やがて乗り越えられることで、学史上の名著になるのだ。その意味で学史に隠れた名著は存在しない。多くの模倣や応用が生まれること、言い換えれば古典になることが名著の条件である。これと比べれば、分析手法や論理の緻密さは科学性にとって副次的な要件といえる。

ある文献が引用された回数を被引用数という。被引用数が何を意味するかは諸説あるが、計量書誌学ではこれを後続研究へのインパクトの大きさとして解釈してきた。被引用数の大きい文献、つまり同業者からくりかえし引用される業績は、その限りで当該分野の代表的業績とみなせる。被引用数は知識の累積性の代替指標なのである。被引用数の多い研究者の世界ランキングが毎年公表され、注目を集めるのも、この考え方が背景にあるからだ。

引用への着目は、学史叙述に有力なアプローチを提供する。引用データの集積によって、くりかえし参照された文献を特定できる。本書では、被引用数の高い学者に焦点をあて、このうち、現代日本政治を対象とした研究を中心に、その成り立ちを記述しよう。この方法が有効でない時期（第6章）は別の方針をとる。

戦後政治学の諸潮流

これまでの学史研究が注目してきたのは、日本政治学史の二つの断絶である。第二次世界大戦での敗戦の経験が、戦後政治学の再出発を方向づけたと言われた。一九八〇年代にはレヴァイアサン・グループの台頭による政治学の「科学化」が起こったとも言われた。筆者はこれらを「日本政治学史の二つの転換」と呼んだことがある（酒井二〇一七）。

被引用数の変遷は、潮流の盛衰を表す。筆者の収集した引用データから見てみよう（詳細は酒井二〇二二）。

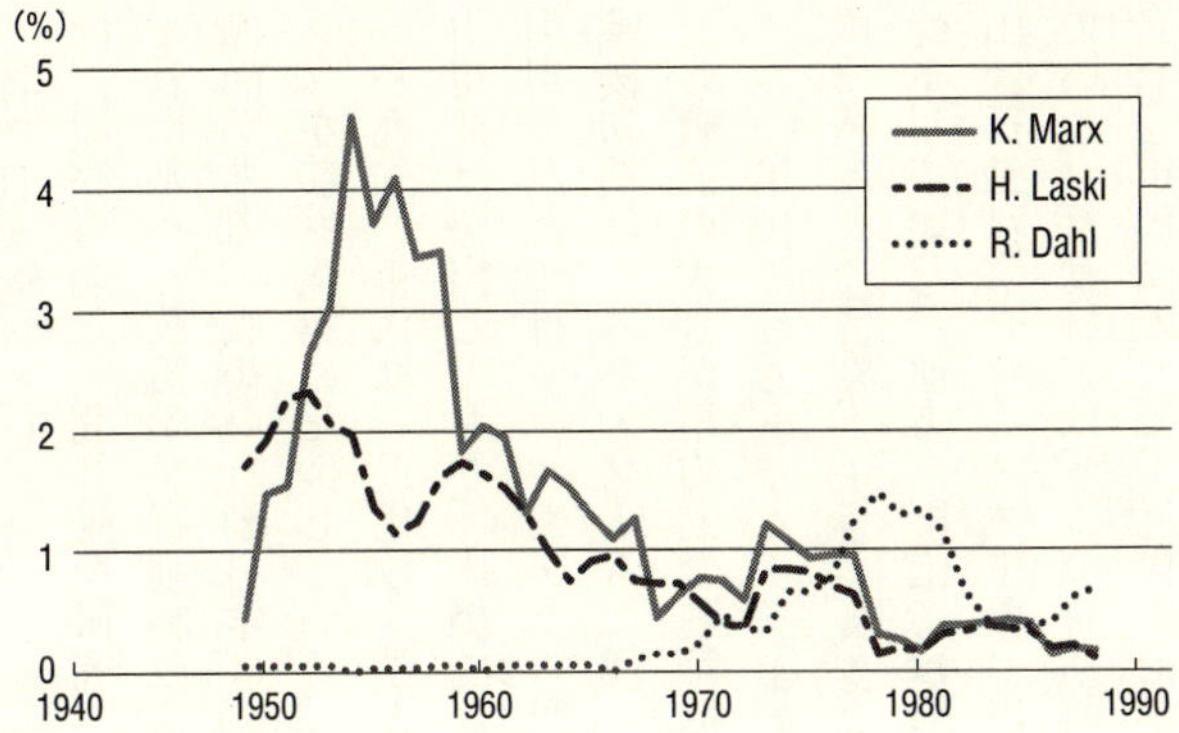

図１　外国の学者

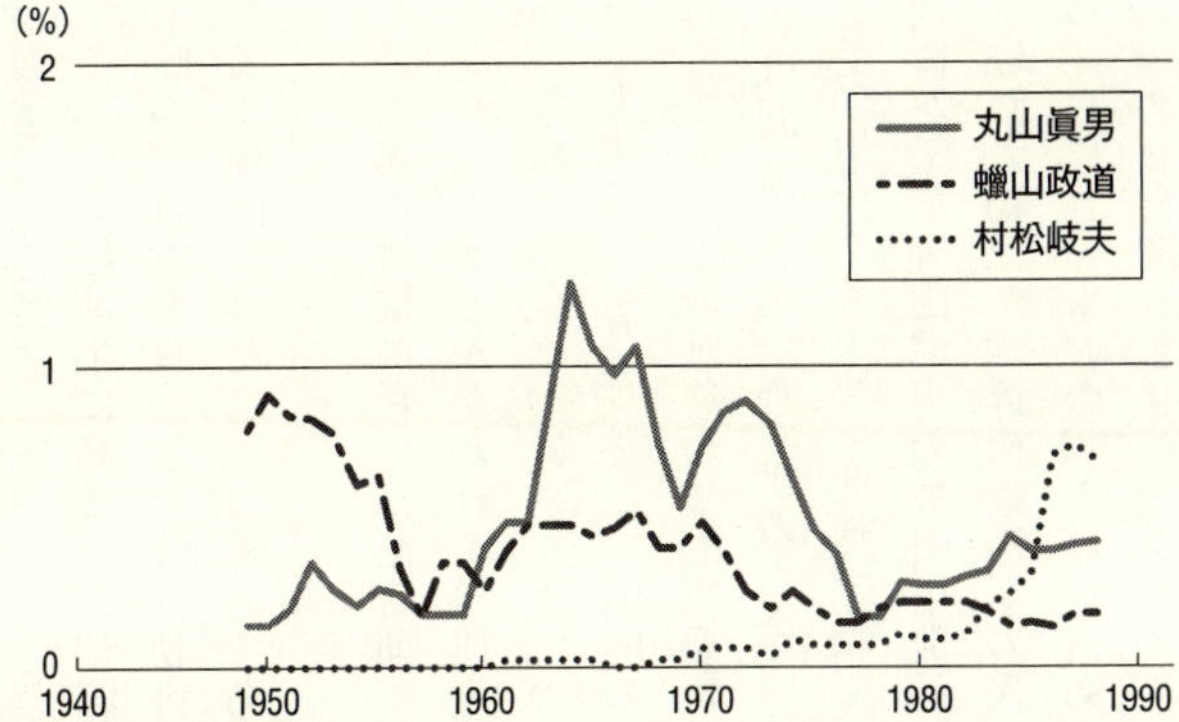

図２　国内の学者

特に目を向けたいのは、行動科学（behavioral science）と呼ばれる潮流である。行動科学は、観察可能な人間行動を研究対象とする二〇世紀前半に高まった学際的な科学運動であり、これに基づく政治学を行動論政治学とも呼ぶ。日本の政治学史は行動科学の受容史としての側面がある。戦後の行動科学は、それまで支配的だった二つの勢力である近代政治学とマルクス主義を次第に圧倒していく。

一九五〇年代は、近代政治学とマルクス主義の対抗に彩られた時期である。マルクスの被引用数は突出しており、圧倒的な知的インパクトがうかがわれる。他方、近代政治学でよく引用されたのはハロルド・ラスキである。危機の時代におけるラスキの洞察が注目を浴び、戦後初期はラスキ・ブームに湧いていた（大井二〇〇九）。また、国内の学者では、蠟山政道たち戦前の大家が精力的な執筆活動を行っており、敗戦後の知的需要に応えていた。

六〇年代になるとマルクス主義の勢いは凋落《ちょうらく》する。五五年の六全協（日本共産党第六回全国協議会。武装闘争の方針を放棄した）、五六年のスターリン批判を経て、共産党の求心力は低下していた。他方、国内では旧来世代にかえて丸山眞男の被引用数がピークに達する。丸山は行動科学やマルクス主義の影響も受けた人物だが、近代政治学の代表的学者とみなされている。行動科学は、この時期前後から注目されるものの、主流を占めてはいない。

七〇年代に入って、近代政治学はインパクトを後退させた。かわって増大したのが海外の行動論政治学の紹介である。数量分析を武器とした、明確な「科学化」志向をもつガブリエル・アーモンド、ロバート・ダールらの実証研究が新たな潮流として注目された。続く八〇年代は、この影響をうけた国内の研究が続出する。村松岐夫、大嶽秀夫、猪口孝らのレヴァイアサン・グループは、近代政治学への批判者として現れ、世代交代を印象づけた。

時代が下るに従い、行動科学は大勢を占めるに至る。やがて、その名称は廃れて新たにポリティカル・サイエンスという呼び名が生まれる。九〇年代や二〇〇〇年代以降はこの傾向が進む一方、問い直しも起こることにもなる。

こうしたマクロな動向からは、時代によって断絶が生じているようにみえる。だが、注意すべきはその内実だ。断絶にみえるものが、ある面では過去の継承であることも珍しくない。私たちは錯綜した研究の現場に分け入って、一つひとつの事実を見ていこう。

「超国家主義の論理と心理」

丸山眞男から話を始めよう。前述のように、彼は国内で最も引用された日本の政治学者だ。戦後政治学の起点として語られる論文「超国家主義の論理と心理」(一九四六年)は、丸山が「自分ながら呆れるほど広い反響を呼んだ」(丸山一九五六b)と語るように、同論文を収めた『現代政治の思想と行動』は長期的なインパクトを及ぼし、分野を方向づける影響力を与えた。

広島で敗戦を迎え、復員後の年末か年明けのある日、丸山は岩波書店から創刊されたばかりの雑誌『世界』から寄稿依頼をうける（苅部二〇〇六）。占領下では、目指すべき民主主義社会をめぐっての知的需要は高く、多くの政治学者が啓蒙的著作の執筆や講演活動に駆り出されていた。無名の丸山にも白羽の矢が立った。

三、四日で書き上げられたという丸山の「超国家主義の論理と心理」は、国家論と心理分析の融合したファシズム論だった。彼によれば、明治以来の日本の国家では、真理や道徳といった精神的権威と政治的権力とが一体化し、ドイツの国法学者カール・シュミットのいう西欧近代の中性国家とは対照的な特徴をもつ。その一方、政治における理想主義やむき出しの権力性が乏しく、ナチズムとは対照的な、矮小《わいしょう》な権力的支配が私的領域にまで及んでいるという。

方法論的には、西欧の事例も引照しているとはいえ、基本的には単一事例研究にあたる。事例間の比較になっていないという指摘や、小説や雑誌資料からの例証への疑問、あるいは史料操作に関する批判が寄せられることになる（大嶽一九九四、苅部二〇〇六）。だが、読者との共通体験でもある戦前の体制への鋭利な分析は、共感と反響を呼んだ。同論文や「日本ファシズムの思想と行動」、「軍国支配者の精神形態」などを収録した『現代政治の思想と行動』は、戦後政治学の起点にして最高峰の著作となったのである。

行動論の先駆

同書の特徴の一つは、その心理分析にある。「超国家主義」論文では人々の「抑圧の移譲」の心理が描かれ、「軍国支配者の精神形態」論文ではファシズムの「アブノーマルな精神状況」、「ヒステリー的症状」が論じられる。従来の国家論にはない「精神構造からのアプローチがひどく新鮮なものに映じた」(丸山一九五六b)。

重要なのは、これが行動科学の導入という外見を伴っていたことである。「軍国支配者」論文の冒頭は、行動論政治学の本拠地、シカゴ学派の所説の紹介から始まる。曰《いわ》く、日独伊の開戦は「狂熱主義《ファナティズム》と誇大妄想病に罹《かか》った死物ぐるいの狂人たちがなした選択」であり、「精神病理学の問題とした方が説明がつき易い」。丸山は共感をこめて次のように書く。

われわれは是《これ》を以《もっ》て単に同教授がフロイド《ママ》の流れを汲むシカゴ学派に属するが故の言い廻しとして片付けてしまっていいだろうか。いな、東京裁判で巨細に照し出された、太平洋戦争勃発に至る政治的動向は、開戦の決断がいかに合理的な理解を超えた状況に於《おい》て下されたかということをまざまざと示している。

丸山の立場が行動科学に親和的に見えても不思議ではない。実際、シカゴ学派ハロルド・ラスウェルへの丸山の関心は高い。ラスウェルは政治学に精神分析を取り入れたことで知られ、戦後丸山は彼の著作を読み、書評論文を書き、折々引用した。戦後初期、日本で行動科学の精力的な紹介を担ったのが丸山だった。

このことはさまざまな形で現れた。まず「思想と行動（thought and behavior）」というタイトルがそうだろう。書名を編集者に提案した時、丸山は政治学における「思想と行動」の概念規定を説明したという（西谷一九七一）。同書に頻出する「行動（様式）」の語は、行動論政治学との関わりを印象づける。だからこそ、同書に対しては「著者の論理にしばしば現われてくるフロイド《ママ》や精神分析の表現が、この点でとくに気になってしかたがない（略）俗悪なアメリカ的方法論が頭を出している」という書評が寄せられたのである（今中一九五七）。

さらに、同時期の『政治の世界』（一九五二年）はいっそう行動論の色彩をもつ。同書はラスウェルやチャールズ・メリアムをはじめ、シカゴ学派の文献を引用しつつ、政治の抽象モデル――「C‐P‐S」（C：紛争、P：権力、S：解決）――を展開する。一九三三〜三四年生まれの若い政治学者では、ファシズム論よりも、『政治の世界』に惹かれたケースが珍しくないという（小尾・飯田・間宮二〇〇三）。行動論政治学をとりいれたテキストとして政治学徒に長く読みつがれることになる。

ただ、丸山が実際どれだけ行動科学的に依拠していたかは留保が必要である。心理分析の概念枠組は自身で鋳造したものであり、また、政治の抽象モデルはマルクスからの転用だったという。彼にとって、シカゴ学派は知的栄養源の一つではあったが、その単純な輸入ではなかった。

確かに丸山は行動論者を自称したことはない。だが当人の本意はともかく、彼は日本の行動論政治学の先駆として読まれ（神島一九七六）、その隆盛を準備したのである。

「科学としての政治学」

ただ、丸山の議論には、アクセルとブレーキを同時に踏むようなところがあった。一九四七年の論文「科学としての政治学」を見てみよう。

この論文は、人文科学委員会の機関誌『人文』に掲載された。人文科学委員会とは、人文科学の研究助成や学会振興などを目的として、四六年に文部省に設置された委員会である（犬丸一九四七）。当時、丸山を『世界』編集部に紹介した法学者の田中耕太郎（一八九〇～一九七四）が文部大臣の職にあり、戦前の科学行政の反省を踏まえて、人文科学の振興にあたっていた（田中一九四七）。委員には各分野の少壮学者が選ばれ、丸山は常任委員の一人だった。『人文』は各分野の展望や課題についての論文を毎号掲載する方針をとり、丸山が政治学を担当して書いたのが「科学としての政治学」である。

人文科学の振興という文脈も手伝って、戦前の学問への丸山の視線は厳しい。「少くも我国に関する限り、そもそも「政治学」と現実の政治とが相交渉しつつ発展したというようなためしがない」。念頭にあるのは政治概念論争だ。国家概念と政治概念のいずれが先行するか、というかつて盛んに論じられた「何の役にたつのかと思われる抽象論」（磯野一九五〇）は、戦後の社会的要求に応えるものでは到底なかった。政治学は科学として、「政治的現実について正しい分析を示しその動向についての科学的な見透し」を与えるものでなくてはならない。そう丸山は主張する。

では、戦後の政治学はどうあるべきか。丸山の議論は両義的だ。一方では「政治の科学」、すなわち分析は「真理価値」に導かれ、学者自身の「一切の政治的意欲、希望、好悪をば、ひたすら認識の要求に従属させねばならない」。だが、他方では「政治の科学」、すなわち価値づけから無色な政治の認識はありえないとも言う。「一つの問題の設定の仕方乃至《ないし》一つの範疇《はんちゅう》の提出自体」がすでに評価づけを含み、「自己を含めて一切の政治的思惟の存在拘束性」を承認しなくてはならない。

こうした客観性への途は、現実科学を志す政治学者にとっては決して安易なものではない。彼は彼の内心において、理念としての客観性と事実としての存在制約性との二元のたたかいを不断に克服せねばならぬ。

科学的な認識を求める一方、その認識は政治的価値を伴うことを認める。政治学は政治から独立した営みでありながら、政治と無縁ではいられない。両者の間の緊張に立つこと――。客観性の鍵は学者の内面に求められたのである。

丸山の議論は広く受け入れられ、研究規範として学界に反響していった。政治学の独立宣言、人権宣言とも呼ばれる所以《ゆえん》である（『朝日新聞』一九六五年四月一二日、松沢ほか編二〇一六）。これは結果的に、行動科学を推進すると同時に、大きな留保をつけるものとなった。行動科学への接近と離反のあいだで、日本政治学は揺れ動くことになる。

政治学の歴史は、学問に内在する発見の論理だけでは進まず、政治や経済、文化などの外在的な歴史とたえず絡み合う。丸山の提起した研究規範には、そうした学史の展開の予兆が、既に埋め込まれていたのである。

第1章　民主化を調べる——占領から逆コースまで

1　蠟山政道グループの選挙調査

米国人文科学顧問団の勧告

占領期は、日本のほとんどすべての学問が問い直された時代だった。一九四八年に来日したハーバード大の東洋学者エドウィン・ライシャワー（一九一〇～九〇）ら米国人文科学顧問団は、日本の人文社会科学の境遇について、連合国軍総司令部（GHQ／SCAP）に報告書を提出した。顧問団は、総司令部の民間情報教育局（CIE）の招聘に応じて、日本の人文社会科学について総司令部に勧告するために組織されたのである。報告書によれば、戦前の学者は日本政府の「復讐」をおそれ、より「安全」な研究が行われる傾向にあったという。

現代の問題を採りあげるよりも、古代に関するテーマの研究のほうが、そして日本自身の研究よりも遠方の民族を研究する方が、さらにまた社会・経済・政治の問題よりも、芸術・文学の問題の方がより安全であり、ある特殊の実際的な問題よりも理論的な問題のほうがより安全であった。

（文部省大学学術局一九五〇）

その結果、日本の学者には「問題に関する感覚の欠如」があるとしている。顧問団は「現在の問題を対象とする研究や、観察し実証することのできる資料に基いていわゆる〝実証的〟研究を拡張することが望ましい」と勧告した。現実科学の奨励がこれからの人文社会科学の方向とされたのである。

この考えは、大筋で日本の学者も共有していた。というより、報告書は日本側協力委員会の資料を踏襲したものだ。日本側協力委員会は文部省の人文科学研究課によってつくられた組織で、南原繁を委員長とする委員二八人のほか、丸山眞男を含む五五人の専門委員によって討議資料が準備された。顧問団は、この資料を下敷きにして報告書を書いたのである（土持二〇〇六）。報告書に盛り込まれた戦前学問への批判は、日本の学者自身の反省の弁でもあった。

占領改革は学問環境を一変させた。その性質上、国体に触れることをおそれて観念論へ流れた政治学もまた、進行中の政治変動を前にして、「実際的な問題」の研究に向けて再出発したのである。

政治学の再建のシンボルとなり、拠《よ》り所となったのが科学だった。敗戦後の日本で科学という言葉は独特の重みをもつ。「科学というものが真にいかなるものであるかを十分知らない我々にとっても、科学という名の魅力は圧倒的であった」（蠟山一九五二）。立場を異にする学者の間でさえ、広範に科学が希求された。戦時体制下で隆盛した日本主義的な思潮や、アメリカの軍事力とくに原子力の経験が、生々しい記憶として脳裏に残っていた時期である。だが政治の科学がどのようなものか、青写真があるわけではなかった。

未完の民主化

政治の現実は急激に進んでいった。占領改革では軍事化と民主化にむけた変革が行われた（竹前二〇〇二）。財閥解体、農地改革、教育改革、内務省解体、労働改革など多岐にわたる。民主化に直接関わるのが憲法と選挙である。四五年一二月の法改正で選挙権年齢の引下げと女性参政権が認められ、戦後初の総選挙を経て、四六年一一月に主権在民を記す新憲法が公布された。

政党政治は復活した。だが、しばらくは模索が続いた。第一次吉田茂内閣（一九四六～四七）は、吉田の権威主義的な言動から保守反動と評された。片山哲内閣（一九四七～四八）では政権担当能力のなさが露呈した。続く芦田均内閣（一九四八）は議会第二・三・四位の三党連立の形をとったため、政権の正統性が疑問視されたことに加え、昭和電工に絡む汚職事件が発覚した（五百旗頭二〇〇七）。

対する国民の意識はどうか。四九年元日、朝日新聞は「主権者たる自覚」と題する社説を載せた。主権者たる国民は、選挙に際し「政党の手先やヤミ成金の御用聞ではありえないのであり、「選挙を政党まかせ、候補者まかせ、選挙ボスまかせ」にしてはいけない。同月下旬に迫る総選挙を前にして、国民に主権者としての自覚を促した。政治意識の旧弊が持続していると考えられたのである。

丸山の「超国家主義の論理と心理」の末尾は、一九四五年八月一五日が「今や始めて自由なる主体となった日本国民にその運命を委ねた日」でもあった、という有名な一文で結ばれている。確かに、基本的人権をはじめとした自由は拡大した。だが日本の人びとは、民主主義国家を担う能力を有するのか。戦後の国民の意識はどこに向かっているのか。政治学はこの問いに応えようとした。

学界の動向

しかし新たな時代の課題に取り組むには、政治学界はあまりに準備がなかった。

この頃、政治学者は何をしていたのか。実は啓蒙的著作が相次いで出版された時期でもある。戦前から知られていた今中次麿《つぎまろ》（一八九三～一九八〇）、大石兵太郎《ひょうたろう》（一八九七～一九五四）、市村今朝蔵《けさぞう》（一八九八～一九五〇）、田畑忍（一九〇二～九四）、五十嵐豊作《いがらしとよさく》（一九〇七～八一）などの大家が、思想史や外国政治史の知見を提供していた。紙不足の情勢にもかかわらず、年をおってその勢いは増している。民主主義思想や外国事情に関する知的需要は高く、それに応えるべく著されたのだ（岩崎一九五八）。

こうした紹介とは対照的に、日本政治の実態調査はほとんどない（升味一九五八a）。戦後の混乱や流入する大量の海外文献のフォローに追われていたという事情もあろうが、より根本的には、政治学に調査分析のノウハウも蓄積もなかった。「問題に関する感覚の欠如」ゆえの実態研究の弱さが、戦前以来の伝統だったのである。

一方で、学界の外に目を向ければ、世論調査が「一つのブーム」となっていた時期でもある（日本世論調査協会一九八六）。主な担い手は新聞社、政府機関、民間研究所、そして数学者、社会学者、心理学者だった。世論調査は戦前から折々行われていたが（牧田一九八三）、敗戦後、各新聞社には世論調査部門が競うように設置された。毎日新聞は、四五年一〇月に戦後初の世論調査を実施するにあたり、「民主主義日本への基底は輿論の尊重」だとして、調査の意義を訴えている（西平二〇〇九）。

初期の調査は方法的に未熟だったが（境家二〇一七）、占領軍当局のCIEが技術面の指導に積極的であったことに加え、文部省の統計数理研究所や、四六年に設立された輿論科学協会などの官民の諸機関が、数学者などを呼び集め、調査の精度向上を図っていた。このような「ブーム」の拡大には、民主化への大きな期待が込められた。

民意に関心が高まる中、政治学にも実態調査の動きが現れる。後に「戦後初の選挙研究」として語られる『政治意識の解剖』（蠟山編一九四九）と『総選挙の実態』（蠟山ほか編一九五五）を生んだ選挙実態調査会の立ち上げがそれである。

選挙実態調査会

四八年一〇月、行政学者の蠟山政道のもと、朝日新聞社から実態調査の機会が与えられ、選挙実態調査会が臨時に組織された。新聞社からは調査費のほか、台東区の事業所データの提供を受けている。折しも同月、芦田内閣が総辞職して第二次吉田内閣が成立し、少数与党の議席状況を挽回《ばんかい》するため、選挙は間近とみられていた。

この話をもちかけたのが、新聞社側なのか研究者側なのかはっきりしない。しかし蠟山には以前からプランがあった。かつて蠟山は、三九年に東京大で起きた思想弾圧事件（河合栄治郎事件）に抗議して辞職し、一時は大政翼賛会の推薦を得て衆議院議員となっていたが、その後次のように語っていた。

終戦と共に議員生活を辞して、久し振りで書斎生活に還った私は、一つの念願をもっていた。それは、十年間以上も不当に日本人の政治意識を抑圧して来たものが一度に撤去されたとき、日本における政治意識は今後どのような発展を遂げるであろうか、必ずやそこに種々の様相が展開するに違いないが、それを実証的に研究して見たい、ということであった。（蠟山一九四九）

蠟山政道

こうした念願のもとに組織された選挙実態調査会は、東京大、中央大、慶應大からなる研究者の連合体である。委員長に蠟山を据え、四人の委員には東京大から憲法学者の鵜飼信成《うかいのぶしげ》（一九〇六～八七）、行政学者の辻清明（一九一三～九一）、中央大から政治学者の川原次吉郎《じきちろう》（一八九六～一九五九）、慶應大から政治学者の中村菊男（一九一九〜七七）の顔ぶれとなった。この他に三大学の助手ら一六人、学生四四八人が参加した。日本の政治学史はじまって以来の、大規模な共同研究が組まれたのである。

参加者の間には熱気がこもっていた。委員はたびたび打合せを開き、調査者の誰もがこの仕事の意義について深い自覚をもち、終始緊張感が漂っていたという（蠟山編一九四九）。中村のように、委員の中には選挙の立候補経験者さえいた。五二年の第二回調査に参加した政治史学者の升味準之輔（一九二六〜二〇一〇）は、その当時「政治運動の熱気みたいなもの」が研究者の間にあり、選挙調査のエネルギーと行動力になったと回顧している（福島・升味・田口一九六七）。

会発足二ヵ月後の一二月二三日に衆議院が解散され、総選挙は四九年一月二三日と決まった。蠟山たちの調査対象はこれに定まった。奇《く》しくも、この解散日は東条英機ら戦犯の刑死の日である。新たな憲法の施行後、初となる総選挙が行われようとしていた。

方法

調査方法は現在からみると粗雑である。世論調査の統計的処理とインタビューが不格好に雑居している。それは後述の理由によるものだが、調査の統一性のなさや、理論的な弱さにつながっている。

蠟山たちの試行錯誤を追ってみよう。まず、調査の眼目は「政治意識の把握測定」におかれた。選挙の制度や結果ではなく、「選挙民の投ずる一票をめぐる諸因素の究明」を焦点としたのである。それが「われわれ日本人の民主政治への理解能力」を示すと蠟山は考えた。

調査の便宜のため、調査対象は都内の二地区——都市として台東区、農村として府中町及び西府村（現在の府中市）——に決まった。事業所と有権者から無作為抽出を行い、投票日の前と後に二度、調査票による聞取りを行った。東京大助手として参加した福島新吾（一九二一〜二〇一三）によれば、この標本抽出法は鵜飼の所持していたジョージ・ギャラップの共著『パルス・オブ・デモクラシー』を参考にしたという（福島一九八九）。同書は米国で最も著名な世論調査であるギャラップ調査に関し、創始者がその方法論を紹介したものであり、一九四一年に邦訳も出ていた（大江専一訳『米国の輿論診断』）。蠟山調査の一つのモデルに、このような世論調査があったことは確かである。フランスの政治心理学的な調査研究も念頭にあったようだ。

だが、蠟山たちは「数字の羅列」の科学性に確信を持てなかったという。また、調査員たちは東京下町の実情をまるで知らなかった。そのため、「巷《ちまた》の空気にふれて初めて、表明された意見の理解・分析も可能となる」と考え、自由な戸別訪問による聞取りを並行して行っている。

こうした聞取り調査は日本にも先行例がある。戦時中、法社会学者の川島武宜《たけよし》（一九〇九〜九二）の行った農村の法慣行調査である。川島はゼミ学生とともに長野の農村に入り、「近代法としての明治民法と農村の現実の中にある『生きた規範意識』とのギャップ」を調べた。そして川島に同行した阿利莫二《ありばくじ》（一九二二〜九五）は、今回の調査にも実働メンバーのリーダー格で加わっている。調査には戦前からの人的連続性があった。

また蠟山自身も、戦後早々に小さな農村調査を行っており、その成果である『農村自治の変貌』を出していた。農地改革をはじめとした戦後の変化の中、農村の「遅れた」政治意識とその変容に焦点があった（蠟山一九四八）。今回の選挙調査は、農村のみならず都市にも視野を拡大したものだった。

結果

投票日の東京は、最高気温が一六度に達する穏やかな冬晴れとなった。回答データはただちに集計され、集計結果の速報はまず朝日新聞（四九年一月一九日）、次いで『朝日評論』（四九年四月号）に掲載された。そして報告書『政治意識の解剖』（蠟山編一九四九）の出版をみて、プロジェクトは終わった。

吉田茂率いる民自党が圧勝した選挙に、蠟山たちは何を見たのか。報告書はそれを「不安な、方向なき政治意識」と表現している。

調査票に設けられた項目は、「今回支持する政党」、「前回投票した政党」、「選挙演説会を聞いた頻度」、「人物重視か政党重視か」、「投票先は自分ひとりで決めたか、だれかと話し合ったか」などだ。主な分析道具はクロス集計にとどまり、要素間の関係をみる回帰分析などは望むべくもない。

それでも回答結果は蠟山たちの目を引きつけた。報告書は、旧来の選挙地盤が不安定化したことを強調する。台東区では「投票先は大体ひとりで決める」の回答が六六％に達した。調査側にとって驚くべき数字である。従来、地元有力者が選挙地盤を固め、票がまとまると思われていた。これに対し戦後の有権者は自己利益に基づき、ある程度自主的に投票先を判断しているという。「選挙民の政治意識に対して旧《ふる》き政治的象徴が力を喪いつつある」と報告書は記す。伝統的秩序の崩壊と利益政治の登場である（大嶽一九九四）。

だが他方、「支持政党なし」が四〇％、選挙演説会を「全然聞かない」が六二％という回答からは、広範な政治的無関心がうかがわれる。世間の「勢い」や感情的な反感によって投票先が決まっているという。経済的社会的階層の影響力が強いとも言えず、明確な階級意識は現れていない。

以上から、蠟山は「日本人の政治意識は動いている、いな激しく動いている」としつつ、「その動く方向が未だ定かでなく反動的な浮動性の懸念がある」と述べ、次のような結語をおいた。

終戦後の民主革命は、自由な生活を享有し、権利と個性との主張に積極的になっていることは認められるが、それはまだ過去の統制や圧迫に対する反動であり受動的な色彩からまだ免れていない。（略）かくて、結論されることは、日本の民主化は、なお前途は多くの風浪にもまれ、ジクザクの複雑なコースを辿るであろうということである。

不安定で方向のない国民意識。蠟山たちが見出したのは、そのようないささか頼りない民主化の現実だったのである。

反響

分析方法の難点を指摘するのは容易い。たとえば第一に、先の「投票先は大体ひとりで決める」が多いのは、社会的に望ましい回答だからかもしれない。「民主主義の世の中だから、ひとりできめなければいけないでしょう」という声に現場の調査員たちは直面した。これは社会的望ましさバイアス（social desirability bias）を示唆する証言である。

第二に、有権者意識の変化を報告書はくりかえし強調するが、過去の比較可能なデータはないため、時間的な変化ではなく、たんに予想と異なる結果が得られたというべきである。前例のない調査ゆえの限界といえる。

第三に、得られた結果を過剰に一般化している。調査対象は都内の二地区にすぎず、国民全体の状態は推定できない。一般化を行うなら、調査地区が全体の縮図となるような標本抽出が必要である（集落抽出法など）。この欠点に蠟山たちは気づいていたが、調査地区の開票結果は全国的傾向と似ているという説明で、それにかえてしまった。

だが、方法上の問題にもかかわらず、同書は反響を呼び、関心をもって読まれた（磯田一九五〇、大嶽一九九四）。それは逆説的にも、「投票先はひとりで決める」とはかけ離れた実態が、インタビューで生々しく描写されたからである。女性が意見を求められたときのやりとりを、複数の調査員がこう報告している。

「調査対象が婦人の場合は殆《ほと》んど主人が助言と監視とを兼ねて座り込むのが常例である。「選挙の調査で…」というが早いか、「お父さんお父さん」と応援を頼み、主人の背中越しに「知りません、わかりません」というのや、「うちの家内は何も知りませんので……ヘイ」と主人が代っていうのもある。「私なんぞ……」と尻込みして、唯はにかんでいる人もある」

（二一九頁）

「元小作人の妻に「九原則を知っていますか」と質問を向けたところ、彼女はただニヤニヤするだけであった。横の方では主人が独りいらだたしそうにキセルをたたいて、「そんなことを農家の女にやわかりやしねえ」といって一服吸い込んでから、「そうさなあ、知らねえな」と彼女をかばいながら代って答えに応じていた。娘に至っては何もいわないで、父親の答えることに横からうなずいているだけであった」（一四九頁）

「ある旅館の女中は、至極あたりまえのように「この前は主人の入れろといった人に入れました。今度ですか。まだ何とも聞いていません。」」（二一九頁）

また、職場でも似たことは観察されている。

「雷門の大通りに面したある喫茶店で、レジスターにいる若い女の子に、「何党を支持しますか」と問えば、即座に「社会党です」と答えた。ところがこれを聞きつけた奥のマダムが、「チョット、チョット」と手まねきで彼女を呼びつけたかとおもうと、やがて帰って来た彼女の口から出たのは、何と「アノ私、やっぱり民自党にします」という言葉であった」（四九頁）

これらは調査の数字の信頼性を揺るがすエピソードといえるが、他方では回答者のおかれた状況の一端を伝えている。ある事業所では、社会党に投票すると答えた労働者が、後日解雇された例もあった。日本社会の基底には、民主化を骨抜きにする社会関係があるのではないか――。調査員たちに突きつけられたその疑問が、次の調査の原動力となっていく。

調査のその後

第三次吉田内閣のもとサンフランシスコ講和条約が締結され、五二年四月に日本は独立を回復した。独立後の初の総選挙に際して、選挙実態調査会は第二回調査を行っている。

　われわれは、前回の調査の経験に徴して、日本国民の政治意識の形成条件がきわめて複雑なる社会的、経済的および政治的要因によって規定せられており、その自由と自主性とが甚だ強く拘束せられているのを知っている。（蠟山ほか編一九五五）

焦点は政治意識の自主性にあてられた。前回調査で散見されたように、投票が自主的でなく、所属集団や組織によって左右されるなら、選挙の政治価値は希薄化する。いわゆる組織票がテーマとなったのである。

だが残念ながら、実証研究としては前回より後退してしまった。それはデータ解釈の問題にある。調査報告によれば、意外にも、他人から特定候補を支持するよう依頼をうけた有権者は数パーセントに過ぎなかった。報告を担当した杣《そま》正夫（一九一九〜二〇〇五）と升味準之輔は、様々な数字を突きあわせた結果、「組織の影響力については、組織成員の把握力からみても、さして過大に評価することは出来ない」と率直に述べている。

しかし、報告書の結論は逆である。曰《いわ》く、選挙に関心をもつ有権者の多くが「地元有力者あるいは職制ボス乃至《ないし》組合ボスの意思によって候補者の選択を行」っている。選挙制度は「支配の一環」と化し、「国民の真の利益の反映とすることを妨げ」られている。調査で得られた観察とは逆である。

なぜ、こうしたことが起きたのか。後年に大嶽秀夫は「「逆コース時代」の政治認識が反映したことの帰結」と解釈する（大嶽一九九四）。冷戦が進む中、報告書は民主化の脅威である「旧勢力」への危機感をにじませていた。蠟山たちの問題意識は、有権者の政治意識からエリート支配の構造へとシフトしつつあった。

こうして、選挙実態調査会はその歴史的役割を終えた。第三回調査（五五、五八年）も行われたが成果は刊行されていない。蠟山たちの調査が引用、継承されることも乏しかった。理論やモデルで知見が集約されず、後続学者が参照しづらかったことも一因だろう。六〇年代以降に選挙研究が隆盛したときは、アメリカの動向が参照先となった。選挙実態調査会はやがて忘れられ、先駆的な試みとして回顧される場面を除いては、言及されることも稀《まれ》になっていく。

とはいえ、調査に参加した若手はその後大きく成長していった。次節以降では彼ら新進学者の軌跡を辿《たど》るが、そのためには当時起こった研究体制の刷新に触れなくてはならない。日本政治学会の設立がそれである。

2　岡義武グループの政治過程分析

新学術体制

学会の存在は、近代科学の特徴の一つである。学会は会員間の連絡、学会誌による知識の流通、相互の研究評価などを組織的に促し、共同的な研究体制を下支えする。その建前は学者の自由意思に基づく連合体だが、現実には歴史的文脈に制約される。アメリカ政治学会に遅れること四五年、日本に全国規模の政治学会が設立されたのは、占領下の一九四八年のことだった。

それ以前にも、広域的な政治学会設立の動きはあったらしい。一九二七年一月一〇日、政治学者の吉野作造（一八七八～一九三三）は「政治学会創立の事を相談す」と日記に記している。相談相手は、政治学界の長老的存在だった小野塚喜平次（一八七一～一九四四）、南原繁、吉野の弟子にあたる佐々弘雄《さっさひろお》（一八九七〜一九四八）である。佐々は九州帝国大学の教授であるから、広域的な学会構想だったと推測される（福田一九九八a）。だが、小野塚はこうした動きを憂慮し、「その種の政治学会を設立するならば、必らずや好ましくない政治的影響を自ら招くような結果に立到るであろう」と反対したという。学問的自由に制約のある時代、学会設立はかえって政治学の生育を害するという判断があった（堀一九八八）。

占領は状況を大きく変えた。政治学のみならず、日本の学術体制は大きな反省と刷新が求められた（廣重二〇〇三）。新たな学術体制の検討のため、四七年には政府の下に学術体制刷新委員会が設置され、各分野の学者の他、政治学からは岡義武（一九〇二〜九〇）と丸山眞男が委員に加わっている。第一回総会の席上で挨拶に立った片山首相は、百余年前に西欧から輸入された科学が「国民生活に十分根を下すに至ら」なかったと反省を述べた。委員会では「日本を文化国家として再建するには、科学の振興と行政の科学化が何にもまさって必要」という考えから、新たな学者の代表機関が検討された。こうして生まれるのが日本学術会議である。

全国学会の設立の機運は、この学術刷新の一環である。ここには占領軍の後押しがある。四七年に米国学術諮問団が来日し、日本の学術体制について総司令部に勧告を行っている。その内容は学術行政や大学教育など多岐にわたるが、学会組織については、日本では学会と称する校友会的な組織があるにすぎず、「全国的な大会員団体は、よし有るにしても極めて少数」であり、「真に民主主義的にして有効なる全国的自由職業協会を速かに形成し発達せしむること」が学術発展に必要である。そして全国学会は、学者の新たな代表機関の構成員を選出する「恰好な基礎的選挙母体」になると指摘した。同報告書は委員会で紹介され、四八年三月には一般に公表された。

学会創設の動きが強まるのは、この直後からである。同年には早くも日本私法学会、日本公法学会、そして日本政治学会、ついで四九年には日本歴史学会、日本哲学会が相次いで結成された。全国学会の設立は、時代の流れになった。

学会の設立は、日本学術会議の創設と並行している。当初の日本学術会議の委員は、学者による公選制がとられた（八四年改正まで）。有権者名簿は学会や研究機関の作成したリストがベースになった（日本学術会議編一九七四）。これに呼応するように、日本政治学会の会員資格には、六三年に削除されるまで「日本学術会議の選挙人資格を有する者」という規定が入っていた。全国学会の組織は、日本学術会議を中心とする学術新体制と対応していた。

全国的な研究団体

学術の振興には、なぜ全国学会が必要なのか。殊に政治学はどうか。学術体制刷新委員会の委員で法哲学者の尾高朝雄《おだかともお》（一八九九〜一九五六）は戦前の学会をこう語る。

日本では、これまで、法学および政治学に関する全国的な研究団体はほとんどないといってもよいような状態であった。在来の学界は、国際法学会など一二の例外を除いては、ほとんどすべて主要な大学学部の校友会的な組織をもち、それに加入している会員の大部分は、その学会で発行される雑誌の単なる購読者であるにすぎなかった。したがって、各大学の専門家を横につらねた共同研究を行うことは、きわめて困難であり、そういう気運もはなはだ低調であることをまぬかれなかったのである。（尾高一九四九）

政治学者の潮田江次《うしおだこうじ》（一九〇一〜六九）はこれを割拠主義と表現する。

学者自ら改むべき点は学界の割拠主義である。官私学の間は固《もと》より、各大学が銘々孤立して、別々に学会をつくり、機関誌を発行するのが、これまでの傾向であった。（潮田一九四九）

大学ごとに学会が乱立したことは、米国学術諮問団もその報告書で「単一な教授若《も》しくは単一な機関に連繋のある多数の局部的集群が自ら学会と称している」と指摘している。たとえば東京帝国大学法学部には一八八七年以来の国家学会があり（佐々木二〇一八）、他の大学にも政治学会を冠する組織があった。

　こうした学会組織は、学内の職位と結びついていたといわれる。米国学術諮問団は強く批判する。「自由職業《プロフェッショナル》協会（＝学会）の主目的は、その協会が代表する学術を進歩《アドバンス》させることであり——その会員である学者を昇進《アドバンス》させることではない」。全国学会はこの弊害を取り除けるという。全国的な年次大会の開催などによって「学者の能力が最もよく且つ最も迅速にその仲間の判定を受けるようにすること」が可能となり、「最も有能なる人物がその能力に応《ふさ》わしい地位に到達すること」を促し、「年長者並びに特権的社会階級の人間に昇進の優先権」がある現状から脱出する道を作ることになるとした。

　要するに全国学会は、研究発表、評価、討議による学術の発達という、科学のあるべき姿を促進する装置とみなされていた。日本政治学会の初代理事長の南原が、学会創設にあたり「従来わが国において欠けたところのものは、互に批判し討議し、真理を共同の事業と所有として、相協働することである」と述べたこともこの点に関わる（南原一九五〇）。戦後の民主主義の思潮とも重なり、学術でも「真に民主主義的」であることが規範となった。その組織的表現が全国的な研究団体であった。

鈴木安蔵らの政治学研究会

政治学の全国学会にむけた動きは、複数起こったようだ。その一つには、憲法学者であり政治学者でもあった鈴木安蔵（一九〇四～八三）らの政治学研究会がある。

鈴木の日記によれば、四七年には、近しい学者の間で政治学会を求める声が生じていた（以下は鈴木の日記による）。一一月三〇日、政治学者で参議院議員でもあった堀真琴（一八九八～一九八〇）が鈴木のもとに立ちより、「法－政治学会欲しいなど語り合う」とある。翌四八年二月二六日には、鈴木は市村今朝蔵とも政治学会の件について話し、「まだまだ自分たちのなすべき仕事の多いこと」を感じたという。

鈴木らの学会構想は、まずは研究会の設置へと向かったらしい。四月一三日、実業之日本社にて第一回打合せが行われ、名称は「政治学研究会」と決まる。事務所は実業之日本社におかれ、研究会は同社の応接室で開かれることとなった。翌朝、鈴木は研究会の趣意書を書いている。

研究にしたがうもの相互の連絡もなく協力・討論の機会も少ない現状にかえりみ、ここに政治学研究会を結成し、以上の欠を補うの一助といたしたいと考えます。

（「政治学研究会趣意書」）

この設立趣意は、研究者の協力・討論の機会を促すという、学会設立と軌を一にするものといえる。

政治学研究会は、全国学会にむけた準備会のような位置づけだったらしい。その「暫定規約」には「将来全国的な政治学会の結成されることを期待し、それに努力する」という規定がある。全国的な政治学会を模索する試みといえるだろう。会の発起人には鈴木、堀、市村、今中次磨など、東京大学に籍をおかない政治学者八人が名を連ねている。研究会の常任理事には鈴木が就いた。後述の東京大学から生まれた学会構想とは、別個の動きだったことがわかる。

四八年八月には機関誌『政治学研究』の刊行を始め、蠟山「社会科学における政治学の地位」、鈴木「史的唯物論と政治学」などの論考を掲載した。鈴木は同誌に「わが国政治学の黎明の炬火《きよか》となるべし」と期待を込めていた（五月八日）。

だが、この頃から東京大学で学会設立の動きが顕在化し、潮目が変わっていく。鈴木のもとにも発起人への参加の打診があり、応諾した。一一月には日本政治学会の設立総会がもたれ、鈴木は初代理事の一人に就任した。全国学会は突如として、鈴木らの構想とは異なるかたちで実現することになった。
その後も政治学研究会は開かれ、『政治学研究』は刊行されたものの、三号の刊行時に出版社から「休刊のやむなき」を伝えられる（四九年五月二六日）。同会の活動記録は以後残っていない。

日本政治学会の成立

現在に続く日本政治学会については、堀豊彦（一八九九〜一九八六）の回想がある。堀は東京大学の政治学者で、設立の世話人として動いた人物である。堀によれば、政治学会は外部からの働きかけ、つまり文部省、学術体制刷新委員会、米国人文科学顧問団やその日本側委員会の勧説などに負うものではなかったとしている。むしろ、他分野における学会設立の動きに刺激を受けつつ、戦後の学問的自由の解放の中で、東京大学の政治学研究会の会員間に、全国学会の構想がおもむろに生じたという（堀一九八八）。ここでの政治学研究会は、小野塚喜平次の門下生を会員として、一九二七年に生まれた会を指す（南原・蠟山・矢部一九六三）。

一九四八年六月三日、諮問団報告書の公表から三ヵ月を経たこの日、前日から降る梅雨の中、東京大学総長室で南原繁総長を囲み、岡義武と丸山眞男のほか、アメリカ研究者の高木八尺《やさか》（一八八九〜一九八四）、辻清明、堀豊彦の六人のあいだで、政治学の全国学会について話し合いがもたれ、学会名称や発起人の範囲などについて話が交わされた。その後も打合せが行われ、堀は先ほど触れた鈴木安蔵を含む、発起人の候補者たちに就任を打診してまわっている。七月には学会の仮名称と発起人が決まり、八月に最初の発起人会がもたれた。九月に堀は文部省を訪れ、趣意書印刷のための用紙の配給割当を求めている。文部省も「敗戦後い微《ママ》沈滞の状態にある学会の興隆の機運を醸成するため（略）民間諸学会を援助」し、学会を振興する意図をもっていた（犬丸一九四七）。

九月某日、学会設立を呼びかける趣意書が、多数の研究者に発送された。発起人一〇人の連名でこうある（傍点引用者）。

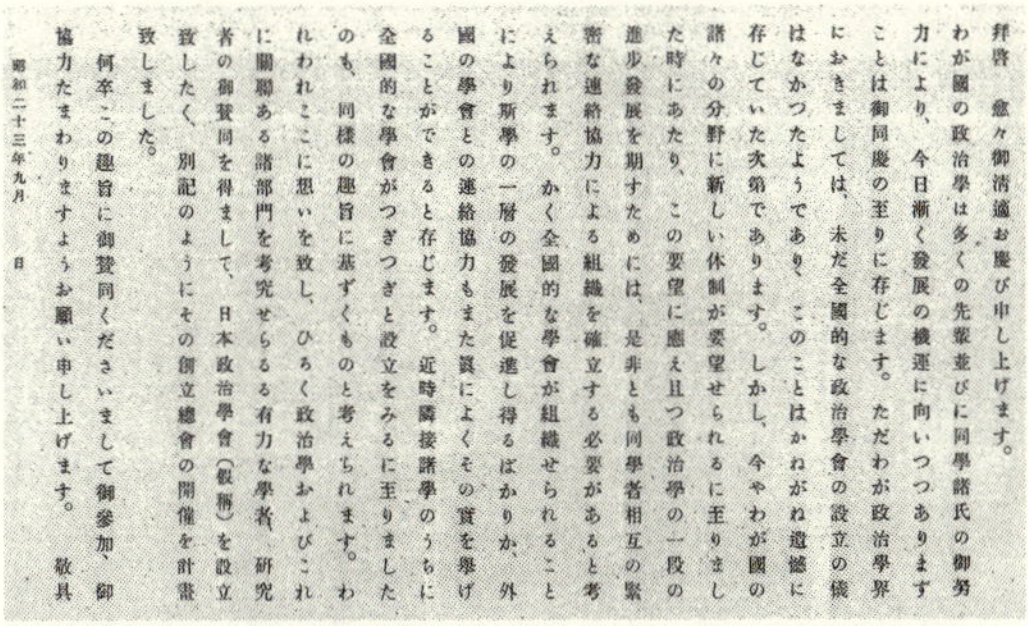
拝啓　愈々御清適お慶び申し上げます。
わが國の政治學は多くの先輩並びに同學諸氏の御努力により、今日漸く發展の機運に向いつつありますことは御同慶の至りに存じます。ただわが政治學界におきましては、未だ全國的な政治學會の設立の儀はなかつたようであり、このことはかねがね遺憾に存じていた次第であります。しかし、今やわが國の諸々の分野に新しい体制が要望せられるに至りました時にあたり、この要望に應え且つ政治學の一段の進步發展を期すためには、是非とも同學者相互の緊密な連絡協力による組織を確立する必要があると考えられます。かく全國的な學會が組織せられることにより斯學の一層の發展を促進し得るばかりか、外國の學會との連絡協力もまた眞によくその實を舉げることができると存じます。近時隣接諸學のうちに全國的な學會がつぎつぎと設立をみるに至りましたのも、同樣の趣旨に基ずくものと考えられます。われわれここに想いを致し、ひろく政治學およびこれに關聯ある諸部門を考究せらるる有力な學者、研究者の御賛同を得まして、日本政治學會（假稱）を設立致したく、別記のようにその創立總會の開催を計畫致しました。
　何卒この趣旨に御賛同くださいまして御參加、御協力たまわりますようお願い申し上げます。　敬具
昭和二十三年九月　　日

日本政治学会設立総会案内　急いで作成されたためか日付が入っていない。国立国会図書館憲政資料室所蔵（資料番号1584）

　今やわが国の諸々の分野に新しい体制が要望せられるに至りました時にあたり、この要望に応え且つ政治

学の一段の進歩発展を期すためには、是非とも同学者相互の緊密な連絡協力による組織を確立する必要があると考えられます。かく全国的な学会が組織せられることにより斯学の一層の発展を促進し得るばかりか、外国の学会との連絡協力もまた真によくその実を挙げることができると存じます。近時隣接諸学のうちに全国的な学会がつぎつぎと設立をみるに至りましたのも、同様の趣旨に基ずくものと考えられます。われわれここに想いを致し、ひろく政治学およびこれに関聯ある諸部門を考究せらるる有力な学者、研究者の御賛同を得まして、日本政治学会（仮称）を設立致したく（略）。

日本政治学会の設立は、学術刷新の機運のもとに位置づけられている。一一月五日、秋晴れの空の下、東京大学で創立総会が開催された。総会では、学会規約が審議され、ついで理事と監事が選出され、理事会は南原繁を理事長に互選した。こうして、日本で初めて政治学の全国組織となる日本政治学会もまた、南原の言葉にあるように、「戦後の新学術体制に則って」成立したのである（南原一九五〇）。

日本政治学会の始動

アメリカ政治学会が一年以上の設立準備を要したことと比べ、日本政治学会設立のスピードは驚くべきものだ。占領という異常な状況下、学術刷新の社会的要請を抜きには考えられない。

その反面、新学会の設立にあたって、「「政治学とは」「学会とは」といった基本的な問題について特段の議論がなかった」という指摘もある。歴史学会と経済学会から独立して成立したアメリカ政治学会や、学会規約に「ポリティカル・サイエンス」という用語を用いるかをめぐり議論がおこったイギリス政治学会とは、対照的な歴史的状況下にあったことは疑いない（内田一九九九）。

専攻	人数	割合
政治学	65 人	36 %
政治思想史	27	15
政治史	27	15
憲法	19	10
外交史	16	9
行政学	13	7
社会学	12	7
その他	44	24
無回答	7	4

表1　日本政治学会会員の専攻　(1950年9月）重複回答のため合計は会員数181人と一致しない。各会員の専攻を著者が上記区分に割り振っている。

たとえば、日本政治学会の英語名称をめぐってである。創立総会での原案はJapan Political Science Associationだったが、出席者から異論が出て、Japanese Political Science Associationに改められた。だが肝心のPolitical Scienceの部分には特段の意見がなかったという（堀一九八八）。政治学を「ポリティカル・サイエンス」と表記することは、アメリカの用語にならったということだろう。まして当時、サイエンスの振興は学術刷新の旗印でもあり、政治学がサイエンスであることに異論は出なかった。

日本政治学会は名実ともに全国学会となった。会員数は一九五〇年時点で一八一名を数えた。全体では関東圏の者が三分の二（一二一名）を占めたものの、北海道から九州までの研究者を結集している。専攻分野では法学が少なくないが、政治思想史、政治史、外交史、行政学など多方面にわたり、マルクス主義学者も含んだ。だからこそ、学会設立の直後、米国人文科学顧問団が「全国的な学会や学術協会はもっと奨励する必要がある」と報告書で改めて指摘したときも、「法学部《ママ》とは異なって、政治学には全国的な学会はただ一つしかない。それはこの分野のすべての分科を包含し」ている、と好意的に紹介された。

同学会は「研究者相互の協力」（学会規約第三条）を進めるべく、年二回の研究会開催を決め、学会誌の刊行を開始した。その発刊の辞で南原はこう書く。

> 敗戦後、多くの改革を必要とする現代日本において、何が喫緊なといって、政治社会のそうした科学的研究の如きはないであろう。今こそ政治の理論が実際政治の上に大いに役立つ秋《とき》である。
>
> （南原一九五〇）

ここには新憲法下の戦後日本の再建と、新しい世界秩序に対する政治学徒の責任の気負いがある。日本政治学会はこうして出発した。

岡義武と共同研究者

日本政治学会の初期の成果は、岡義武たちの共同研究である。これは学会誌第四号の特集「戦後日本の政治過程」（一九五三年）として掲載され、ついで『現代日本の政治過程』（岡編一九五八）と改題し単行本で刊行された（以下、前者を旧版、後者を新版と略記）。

刊行経緯からみていこう。学会誌は『日本政治学会年報　政治学』と称し、学会報告や文献案内等を掲載していたが、「当初の期待を満たすものとは言えなくなり」、早くも難局に当面していた。学会事務所のおかれた東京大学法学部では、南原が総長職にあったため、政治学系の教官の中心だった岡義武に打開が期待された（福田一九九八b）。

岡は学究肌の政治史家である。戦時中、多くの学生を戦場に見送る苦い経験をもつ（岡一九九七）。終戦二年後に書かれた「日本政治民主化のための若干の反省」の副題をもつ論説の次の一節は、岡の学問への態度をうかがわせる。

われわれにとって何よりも危険なことは、安易なる楽観に心を委ねることである。危険は危険を知らざるときに最も危険である。最も大切なことは、かくて、事態をあるがまま

岡義武　写真提供：朝日新聞社

に正確に認識することである。真の希望と真の勇気とは、現実のかかる冷徹なる凝視の中から、そして、その中からのみ生れ得る。

（岡一九四七）

学会誌は第四号から『年報政治学』と表記を改め、同号の編集主任を請け負った岡は、若手の政治思想史学者の福田歓一《かんいち》（一九二三〜二〇〇七）に相談した。福田は即刻、特集方式を提案し、主題を「占領下日本の政治過程」とすることを申し出たという。福田は丸山の「科学としての政治学」における現実科学としての再出発のアピールに惹かれ、「これで占領が終ったとき、占領中の政治過程の総分析が出来ないようでは、日本の政治学の存在理由があるか」と考えていた。そうした「熱っぽい空気が学者の中にあった」と福田は後年語っている。「われわれは〔戦前とは〕ちがった学問をこれからつくっていくという丸山先生の呼びかけに対する応えだった」（福田一九九八a、b、『朝日新聞』一九六五年四月一四日）。現実科学の呼びかけが、この特集を生んだのである。

この頃は、日本が独立を回復しようという時期である。一九五一年九月に講和条約が調印され、翌五二年には同条約が発効し、占領が終結する。この間の占領改革によって、日本政治は変わったのか。それを明らかにすることが、「政治の科学的研究にたずさわるものの重要な任務」と岡は考えた（旧版二頁）。

岡は研究室の仲間と構想を立て、共同研究の体制を敷いた。辻清明のほかに、実弟の岡義達《よしさと》（一九二一〜九九）、思想史研究の石田雄（一九二三〜二〇二一）、政治行動研究の京極純一（一九二四〜二〇一六）、理論畑の升味準之輔、そしてマルクス主義の傾向をもつ学者にも参加を願った。このうち、辻、石田、升味は蠟山調査にも参加した若手であり、継続して実証研究にかかわることになった。

逆コース

岡の研究構想がどれだけ野心的なものだったか、現時点から十分に追体験することは難しい。研究テーマにいう政治過程とは、公的な意思決定に至る政府や政党、利益集団や大衆の意識及び行動の総体を指している。選挙はその重要な一部分にすぎない。蠟山調査は選挙を対象としたが、今度の特集では政治過程の総合的な解明が目指されたのである。

政治過程という言葉は、当時それほどポピュラーではなかった（升味一九六七）。確かに戦前にも、静的な国家論にかえて政治過程をみる試みはあったが、時代の制約もあり発展しなかった。それが戦後、蠟山調査が大規模に行われ、代議制国家における「集団の噴出」を論じた辻清明「社会集団の政治機能」(一九五〇年)が注目を集め、関心は高まりつつあった。そして岡たちの特集が、初の本格的な政治過程研究として一里塚を築く。

総合分析への意気込みは、執筆プランに現れている。岡は政治過程を三つに分ける。国際的な政治状況、国内支配層の動向、大衆の政治的成長だ。それぞれが国際関係、国内支配層、国内被支配層に対応している。

この三層区分が現在の私たちに異様に見えるのは、支配層という概念のためである。残念ながらその定義はない。だが、岡の次のような概観からは、問題意識の所在をうかがい知ることができる。

深まる米ソの対立・緊張を軸として烈《はげ》しく軋《きし》みつつ進展する世界政治、それを背景として変転、推移する対日占領政策、帝国日本の廃墟の上に萌え立つ新らしい勢力と蠢動《しゅんどう》しつつフェニックスのごとく蘇ろうとする旧勢力、これらが交錯し絡み合いながら、そこに戦後日本の政治過程が形成せられて来たのである。

いわゆる「逆コース」の認識である。国際冷戦の進行により、国内では公職追放の解除、レッド・パージ、再軍備などめまぐるしく展開した。巻き返しを図る旧支配層はこの動きを利用し、「サンフランシスコ講和会議は占領状態を終結させたとともに、それは国内的には支配層の「復位」をもたらした」。こうした状況認識を出発点に、その実態解明を岡たちは試みるのである。

方法

岡たちの研究手法はどのようなものか。まず特筆すべきは、政治家や関係者に行った聞取りである。『年報政治学』の版元である岩波書店の大会議室を借り、総評の初代事務局長となった高野実（一九〇一～七四）や、農地改革に関わった農林省の大和田啓気《けいき》（一九一五～八六）を招き、占領下の活動を聞いた（福田一九九八ｂ）。これが実現したのは、岡が太平洋問題調査会（ＩＰＲ）の協力を取りつけたからである。ＩＰＲは太平洋地域の調査研究を行う民間団体であり、岡はその日本支部でナショナリズム研究委員会の委員長を務めたこともあった（油井二〇一六）。政治家のインタビューは、木戸日記研究会など稀有《けう》な例を別とすれば、政治学者の間ではまだ珍しかった時代である。

それ以上の特徴は、多面的な接近方法にある。蠟山グループとは異なり、岡グループでは執筆者間で方法は統一されなかった。近代政治学、行動論政治学、マルクス主義が一冊に同居した。分析が並列的でまとまりを欠く危険もあったが、当時有力と思われたアプローチが動員され、分析能力が試されたともいえる。
本特集の第一部は岡義武が担当し、国際冷戦を念頭におきつつ、占領開始から講和条約調印まで六年間の日本政治を記述する。非軍事化と民主化を目的とする初期の改革から、経済九原則をはじめとする経済復興の重視、そして朝鮮戦争を契機とする再軍備とアメリカ防衛体制への編入へと、占領政策は変化した。問題はなぜ容易に逆コースが生じたかである。岡は結論部で述べる。

戦後日本政治においては進歩的勢力は充分に有力なものへと成長し得ず、そこで、占領軍がやがてこのようにして初期占領政策の修正を試みるようになったとき、この修正を抑制する充分な力を進歩的勢力はもち得なかった。外圧によって一旦もたらされた変革の大きな部分は、こうして、これを支える国内的勢力の弱いままに、外圧の変化につれて容易に改変されることになったのであった。

制度変更の効果が十分浸透する前に、占領軍は国内支配層に接近し、その復活を許してしまった。岡はその流れを実証的に跡づけた。方法的には伝統的な政治史研究の応用である。豊富な資料が引証される一方、推論の厳格性や理論化志向は強くない。俯瞰《ふかん》図と展望を得ることに力点のある論考だった。

支配層と大衆

続く第二部の主題は支配層である。岡義達は、政党の官僚出身議員の割合を示しつつ、政党の体制への癒着を論じた。衆議院の自由党（のち民自党）の官僚出身議員は、四六年四月では二・七％だったが、三年後には一八・二％に増えた。政党組織は脆弱《ぜいじゃく》で党員は数万人足らず。議会で中心的役割をはたすべき政党は未発達の状態にあるとした。

対して官僚機構の頑強性は際立つ。初期占領政策が各種制度に打撃を与えたのに対し、官僚機構は激動を生き抜いた。「公務員法や地方自治法の実施、内務省の解体、警察制度の再編成等に見られる制度面の部分的改革にもかかわらず、ついに抜本的な手術を受けることなく、今日に至っている」。辻はその理由の第一に対日占領が間接統治だったこと、第二に官僚制の中立性信仰が国民にあったこと、第三に政党の無力を挙げる。

マルクス主義に近い学者は、権力の下部構造、すなわち経済資本と政治の癒着を論じた。政治史学者の信夫《しのぶ》清三郎（一九〇九～九二）は、「政府の重要なポストは、財界の代表をもって占められている」とし、また「独占資本は、政党に自己の代表を送ることにより、政党に活動資金を提供することにより、選挙に資金を提供することにより、政党を支配している」、そして、「占領政策と占領政策に対応した日本政府の政策は、すべて独占資本のためにたてられていた」と難じた。

大衆をテーマとする第三部は京極純一と升味準之輔の共同論考がある。敗戦後の国民意識は混迷状態にあり、自然村を原型とした伝統型行動様式と、結社形成を原型とする近代的行動様式が、互いに拮抗《きっこう》していると言う。世論調査の結果を丹念に集め、数量的に論証するスタイルは岡グループ中でもっとも行動科学に近い。

ごく短期間に行われた研究であり、資料的な限界はある。だが政治過程を多層的に取り上げ、民衆から遊離した統治エリートの支配を浮かび上がらせた。岡は「日本が自由にして且つ平和な国家として成長し得るとすれば、それは、今後における進歩的勢力の発展とそのステーツマンシップ」にかかっていると述べた。

反響

特集はただちに評判をよんだ。政治学者の中村哲《あきら》（一九一二～二〇〇三）は、この共同研究の実施は「学会としては劃期的なもの」であり、「現実遊離の一般論と個人的封鎖的な労作に終っていた戦前の学界から比較すれば、正に百八十度の転換」と評した（中村一九五三）。歴史学者の遠山茂樹（一九一四～二〇一一）は高く評価しつつも、理論的分析の印象は薄いとし、「この書物には、第二次大戦の性格の検討がない」ために、「戦後の政治過程の歴史的位置づけがでてこない」と注文をつけた（遠山一九五三）。また、執筆者間の方法の違いを論じる書評もでた（樋口一九五八）。

一般への反響も大きい。学術誌にもかかわらず、新聞記者に争って読まれたという（福田一九九八b）。新版が単行本として刊行されたことで、一般読者も手にしやすくなった。以後同誌では特集形式が定着し、「日本の圧力団体」（一九六〇）、「五五年体制の形成と崩壊」（一九七七）などの後継テーマが組まれた。会員数を圧倒的にこえた一般の購買部数によって、年報の発行が支えられていく（山川一九八七）。

その後の日本政治学へのインパクトは多方面にわたる。ごく概略的にいえば、第一に、占領期の政治過程に関する基礎研究の地位を占めた。対象はほぼ同時代の出来事であり、公開資料が乏しいなか、関係文書や数字を幅広く活用した同書は、長期にわたり引用された。第二に、その後の理論的発展の出発点となった。先に触れた官僚機構の温存、利益団体の活動、政治意識の変容といった論点は、その後に個別テーマとして発展していく。

特集の三年後。丸山眞男は「政治学」と題した問答体の文章で、自身を思わせる大学教授Aに次のように語らせている。

Ａ　（略）少なくもこの十年の我が国の政治学の進歩は目覚しいものがあるよ。例えば具体的な成果として、日本政治学会の年報が一九五三年に「戦後日本の政治過程」という特集を出して以来、毎年現代政治の重要なテーマを取り上げているが、ああいう一連の業績は戦前にはとても考えられなかったね。（丸山一九五六ｃ）

岡グループの共同研究は、戦後政治学の主要業績として認知されていった。同書で示されたエリート支配という日本政治理解は、ずっと後年になって実証的に批判をうけるまで、有力な見解として生き続ける。

三人の会話

だが、行動論政治学の存在感はまだ大きいとはいえない。丸山は、先に引用した会話を次のように続けている。

Ｃ　（略）ですけれど、やはり私の友だちはいまおじさまの挙げた「戦後日本の政治過程」のなかに出ている政治意識の分析を読んで、ああいうアプローチには限界があるッて言ってたわ。

Ｂ　限界か、フン。大方そいつはチンピラマルクシストだろう。測量技師じゃあるまいし、二言目には限界限界だ。それも歩けるだけ歩いて限界に逢着するというのならとも角、ただ遠くから眺めてヤレこの方法には限界がある、あの調査には限界があるというだけで自分はカビのはえた固定観念に寄りかかっているのがお前たちの……。

Ａ　またまた、どうしてそう君達はすぐムキになって喧嘩するのだ。むろんおじさんだって手放しであゝした業績を礼讃するつもりじゃないし、Ｃちゃんのいう「限界」の意味も執筆者自身まんざら知らぬわけじゃなかろう。（丸山一九五六ｃ）

この架空の問答は、行動論政治学のおかれた当時の雰囲気をよく再現している。自然科学を模した外見をもつ行動科学は、伝統的な社会科学者にしてみれば、無視はできなくても一言いいたくなる性格をもっていた。

総じて、占領期に行動論は共有財産と呼べる水準にない。後年、京極純一が指摘したように、有権者やエリートの行動を対象としつつも、方法的には伝統的な文献調査や解釈が依然中心を占めた。数量分析が行われる場合でも、方法的吟味は十分でなく、理論化の志向も弱かったのである（京極一九六二）。

第2章　英雄時代——講和独立から高度成長期へ

1　石田雄の圧力団体論

流行と後進性

一九六二年、日本政治学会は機関誌創刊一〇周年にあたり、政治学者一〇人の座談会を催した。顔ぶれは主に四〇歳前後の中堅である。主題の「日本における政治学研究の現況」にそって戦後政治学の歩みが語られたが、話が進むにつれ、現状への厳しい指摘が噴出した。政治思想史家の脇圭平《わきけいへい》（一九二四～二〇一五）は言う。

事実、政治学は今日、学問の世界における「日蔭者」でないばかりか、社会的には、というよりジャーナリズムの世界では、ある意味で最新流行の花形学問の一つとしてもてはやされやされているという面もあるわけですね。ところが、それにもかかわらず、さっきのお話によると、大勢としてはいぜんとして政治概論的なものとしてとどまっている、という批評がある。（堀ほか一九六二）

脇の懸念は、「政治学の流行と後進性」の非対称に向けられている。確かに、講和独立から六〇年安保にかけて、政治学者の発言は増大した。政治思想史家の松下圭一（一九二九～二〇一五）を中心に、総合雑誌等で大衆社会論争が起きたのもその頃である。警職法改正法案、浅沼稲次郎刺殺事件など折々に、日本政治学会は声明を出し、新聞がこれを報じた。一般に向けた学者の発言は引き続き高い需要があった。

だが、対照的に政治学の進展はおぼつかない。実態調査は依然乏しく、数少ない調査でもどこか素人的で「社会学者の真似ごとみたいな感じ」だと脇は言う。「政治学は、一方では「流行学問」などといわれながら、ポリティカル・リサーチの実質面で少なからず社会学者とか心理学者の仕事におんぶしているといえるのではないか」。現実科学としての立遅れに対する憂慮である。

ただ、これは変化の徴候でもあった。占領期には、戦前の方法論争への反省もあり理論的色彩を避ける傾向があったが、独立講和後から揺り戻しがおこる。新世代の研究者が続々と参入し、方法や理論への再注目が始まったのである。

科学経済学者のポーラ・ステファンは、「科学は若者のゲームである」と書いている。科学では、卓越した業績を出すのは主に若手であることが知られる（Stephan 2010）。一九五〇年代から六〇年代前半にかけて、若手を中心にユニークな理論構築が続いた。後に田口富久治は、古代国家の形成をめぐる歴史学説にならって、傑出した作品の続出したこの時期を「戦後政治学の英雄時代」と呼ぶ（田口二〇〇一）。石田雄の『現代組織論』（一九六一年）はその代表作の一つである。

圧力団体論へ

一九二三年生まれの石田雄は、戦後の第二世代とも呼ばれる（神島一九七六、渡部二〇一〇）。『現代組織論』の発表時は三七歳。学生時代には蠟山政道の調査に加わった。助手時代には丸山眞男から「調査は当分自粛した方がよい」と助言され、明治思想史研究に専念していたが、五二年に東京大学社会科学研究所に勤務してからは、米軍基地反対運動や農村の現地調査を重ねた。思想史から狭義の政治学へとテーマを移していった。

この経歴もあってか、石田のセンスは年配世代とはやや異なる。ドライにも聞こえる次の発言は、彼の学問観を示唆するものである。

政治学に移ると、いろいろ現実の政治運動の関係もでてくると思われるかも知れませんが、そんなことはないです。そのへんはぜんぜん別だと思っています。だいたい政治学が直接に政治運動に役に立つとは思っていないから。（石田一九七〇）

石田雄

彼の考えでは、先行世代には「政治主義への逃避」がある。政治的実践を唯一の判断基準として、困難な学問的課題を避けがちだという（石田一九六三）。だが政治学の用語は「現にあるもの」の分析道具でなければならず、あるべき姿を示すために使うべきではないと石田は言う（石田一九九一）。

それればかりでない。当時の知識人は、国民の「遅れた政治意識」を克服し、近代的個人の確立を求める傾向があった。だが石田は、すべての国民に充分な政治知識を求めるのは空想論にすぎないと考えた（石田一九五六）。そこで個人にかえて組織に注目する。

なぜ組織なのか。当時の欧米の学界は、圧力団体（pressure groups）の研究の萌芽期であり、国内でも理論的検討が始まっていた（丹羽二〇〇三）。圧力団体というのは、「特殊利益の達成のために、組織された力を以《もっ》て、政策決定過程に影響を及ぼす」組織のことである（石田一九六一）。講和後に国内の圧力団体は活発化し、戦前と様変わりした。それまで沈黙していた農業団体や中小企業などの利益団体は、占領下の制約から解放された政府に対し、公然と利益要求を掲げて活動した。その激しさを石田はこう描く。

一九五八年の選挙を眼前にひかえた国会において、農林漁業団体職員共済組合法案が、内閣の諮問機関である社会保障審議会の反対にも拘《かかわ》らず、わずか三日の審議で衆議院を通過し、つづいて参議院でも同じく三日の審議で可決成立した。その背後には、五ヵ月間に、のべ二千人の地方農協代表が陳情におしかけ、衆議院に提出された請願書は合計一四三件、これに全国の農業団体職員およびその家族四五万五千人が署名し、与野党約三〇〇人の衆議院議員がその紹介者となったという圧力がかくされている。（石田一九六一）

圧力団体は流行語となった。メディアは「圧力団体まかり通る」と書き、その横暴さを避難した。もはや「戦後は終わった」と石田はいう。今日の問題は逆コースでもなければ、軍国主義の復活でもないと彼は考え、大衆社会の集団政治（group politics）へと視線を移していった（石田一九五七a、b）。

「丸抱え」と「下駄あずけ」

圧力団体の台頭は、民主主義の前進なのか後退なのか。この問いは意外に難しい。圧力団体の政治行動は、伝統的秩序の崩壊を背景とした利益政治の台頭でもあり、行動様式の近代化として評価しうる側面もある。だが、団体が自身の経済的利益をもとに、代表を議会に送り込んだり、立法計画や政策実施に圧力をかけることは、議会や行政に対する恣意的な力の押しつけだとする見解もある。「圧力団体の圧力排除の手段を講ぜずには責任ある政党制の確立は到底望めぬ」というわけだ（岡一九五二）。

石田は最大の圧力団体の一つ、農業協同組合（農協）の組織構造を分析することにした。農協とは、農業協同組合法に基づき設立される農業者の共同組織だ。石田は各地の農村調査――徳島県（一九五二年）、鹿児島県（五四～五七年）、石川県（五五年）――に出向いて村落を身近に観察した。関係者にインタビューを重ね、関連する報告書を収集した。『現代組織論』はこの努力の成果である。

石田によれば、農協組織は「既存集団丸抱え」の構造をもつ。「圧力団体として特殊利益を組織的に主張しているようにみえるこの農協も、実は部落という伝統的な結合を組織の下部にくみこんで」いる。組織率は九九・五％に達し、自発的な結成にもかかわらず村落全体をほぼ包含する。村落の一員であることは、ほとんど当然に農協の組合員であることを意味する。伝統的共同体の一体感の動員によって、強力な圧力行動を生むのだ。

それだけではない。地縁集団を基礎とするため、農協の組織目的はしばしば曖昧化し、具体的な方針は頂点の指導者に白紙委任される。その結果、特定の政策要求を欠き、ともかく団体推薦者を国会議員に当選させる「地位の政治」が展開され、かつ政府と癒着しがちである。他方、組織下部では「農民のため」などという漠然とした目的で同調が求められる。これを石田は「下駄あずけ」的リーダーシップと呼ぶ。

こうした組織の性格は、農協に限られないと石田はいう。労働組合、中小企業政治連盟などにも程度の差はあれ当てはまる。農協は組織の日本的特徴をあらわす典型事例というわけである。

結局、問題は議会と政党の担ってきた民主主義の代表機能を、圧力団体がどれだけ正当に果たせるかに帰着する。団体が丸抱え的組織、下駄あずけ型リーダーシップを克服し、内部的民主制と対外的自立性を貫徹することが「根本的な問題」と石田は述べた。

組織の一般理論

石田の農協分析が雑誌に発表されるや、政治学者や社会学者の注目をひいた。だが石田は満足しなかったらしい。抽象的なモデル——当時は一般理論と呼ばれた——を用いた組織論の構築に移り、これを『現代組織論』の前半部においた。

なぜ一般理論に向かったのか。同僚だった思想史学者の松沢弘陽《ひろあき》（一九三〇〜）は、当時の石田に「行動主義革命」があったとする。もともと復員後の石田は、日本の言葉が「古い魔術的用法によって救いようもないほど汚染されて」おり、西欧社会科学の「厳密な概念」が必要と考えていた。丸山が『政治の世界』で提示した抽象モデルの影響もあっただろう。石田に「一般理論に対する一つのあこがれ」がうまれ、これを組織論で試みようと考えたのである（石田ほか一九八四、石田一九九一）。

行動科学の影響下で理論志向をもった学者は多い。行動科学は元来、強い理論志向をもつ。国内でも、権力の循環モデルを提示した岡義達、象徴と組織の相互連関を論じた永井陽之助（一九二四〜二〇〇八）、リーダーシップを理論化した京極純一など、若手の理論的な論文が出始めていた（京極一九六二）。行動科学のインパクトが、理論形成を促すかたちで波及し始めたのである。

頻用されたのが、象徴（symbol）の概念だ。象徴とは別のなにかをあらわす記号であり、国旗、国歌、制服などの他、国体やデモクラシーといった言語象徴がある。政治学の象徴分析は、象徴が政治社会で果たす機能をつきとめようとする。たとえば升味準之輔は、戦前に国体という象徴がどう用いられているかを探究した（升味ほか一九五四）。分析哲学の素養をもつ永井は、象徴の二つの意味と機能――認識象徴と組織象徴――を論じた（永井一九五六）。岡義達、京極もまた象徴論の深い影響下にある。

象徴分析は言語を対象とするため、日本の政治学者の慣れ親しんだ思想史的方法とは親和性が高い。行動論者が象徴論に続々参入したのも、従前の研究伝統が背景にあるといえる。石田もまた、思想の科学研究会で哲学者の鶴見俊輔（一九二二～二〇一五）たちとの議論を通じて、象徴論の道具を整えていった。

永井の考察を下敷きにしつつ、石田は象徴に二つの側面があるとする。第一は認識的用法だ。組織の形成過程で成員の共通目的が抽出され、組織理念とよばれる象徴体系が生まれる。ここで象徴は認識の道具である。第二は情動的用法だ。組織の象徴体系は成員の感情を刺激し、行動を制約又は動員する。ここで象徴は働きかけの道具であり、指導層による操作の手段でもある。

象徴の二面性は矛盾しつつも組織内で同居する。いずれの側面が強いかは組織によるが、現代の巨大組織では情動的用法が優位し、末端成員は操作対象として統制される。では、こうした指導層による組織の独占を防ぎ、組織の自己目的化をどう抑制できるだろうか。石田は古今の思想家の理論を引証し、考察を行っていった。

『現代組織論』の農協論のインパクトは大きかった。この頃に現れた圧力団体研究には、石田の影響が濃厚である(阿利一九五九、松下一九五九、田口一九六〇)。丸抱え構造、下駄あずけ型リーダーシップといった石田の指摘は、「急速に当時の学界の共通認識となっていった」のである(田口二〇〇一)。

その一方で、象徴論を用いた一般理論の評価は必ずしも高くない。マルクス主義者からは、革新団体とその他団体を同列に扱うことが批判された。党派的な非難は別としても、石田の理論を継承する動きは鈍かった。

ここには、京極のいうように、「これらの理論模型は、率直にいって実態調査における直接的な適用がすぐさま可能なまでに充分操作的には開発されていない」という事情がある(京極一九六二)。石田の理論は検証される仮説というよりは、認識の枠組である。経験的なデータでは良し悪しを決めにくく、後続学者にとって評価が難しい。実証的な扱いの難しい象徴ではなおさらである。

その後、石田も一般理論から遠ざかった。六一年のアメリカ留学では、多国間比較のプロジェクトである近代化論に接する。近代化論は六〇年の日米箱根会議でその考え方が紹介され、日本側学者から違和が表明されていた（ジャンセン編一九六八）。石田にとっても、政治的発展を単線的にとらえる近代化論は受け入れ難く、その方法的基礎にある行動科学に疑念をもった。彼は行動科学に対し「道具として使える限りは使おう」という両義的態度をとり、総理演説や新聞をデータとした計量的な内容分析を手がけたものの、『現代組織論』のような理論構築からは離れていった（石田一九六九、一九九一）。

こうして行動科学に触発された初期の理論形成は頓挫した。象徴論は停滞を余儀なくされる。政治学の有益な理論とはどのようなものか、暗中模索が続くことになる。

2　升味準之輔の一九五五年体制論

二大政党の誕生

講和後の日本政治は重大な局面を迎えた。戦後の政党は離合集散をくりかえし、政局の安定を求める声が党内外から高まる中、一九五五年一〇月、左右に分裂していた社会党が再統一し、翌月には保守政党の合同により自民党が結成された。二大政党の成立だ。両党の議席数は衆議院の約九七%を占めた。戦前には政友会と民政党による政党政治の時代があったが、それ以来の二大政党制が誕生したことになる。

当時の学者のあいだには、イギリス流の二大政党制論者が多かったといわれる（猪木編一九五六）。社会党再統一からわずか二〇日後、日本政治学会の第一三回研究会が京都で開催された。主題は「戦後日本の政党政治」だ。議論が熱を帯びないわけがない。現地で討論を見た行政学者の伊藤大一《だいいち》（一九三〇〜）は、「この討論は、主題が政治学の中心問題であり、同時に現下のわが国における保守・進歩両派の再編成が実現しつつある時期であったため、きわめて盛況且つ熱心におこなわれた」と興奮気味に記している。

参集した政治学者の多くは、自民党と社会党の対立構図がその後三八年間も持続するとは思わなかったに違いない。二大政党制は日本に根づくのか――。登壇した行動論政治学者の吉村正（一九〇〇〜一九八四）は実のところ懐疑的だった。吉村の考えでは、党員数の少ない脆弱《ぜいじゃく》な党組織を改善しない限り、今後も政党は離合集散すると思われた。別の報告者は、統一社会党の下部組織の確立が課題だと考えた。ともすれば両政党は早々の再分裂もありうる。――こうした見方は学界だけでなく、世間でも珍しくはなかった。

現実は予想を裏切っていった。五八年の警職法騒動、六〇年の安保闘争で院外運動が激化したときも、自民党は分党の動きを抑え危機をのりきった。社会党は行動方針をめぐって民主社会党（のち民社党）が分離したものの、自民党と社会党が第一・二位を占める議席配分は揺るがない。政権にある自民党と、万年野党に甘んじる社会党という図が恒常化していく。

この政治体制は、なぜこれほど強固なのか。

自民・社会両党からなる安定した政治体制を、今日のわたしたちは五五年体制と呼ぶ。保守合同から九年後、升味準之輔はある論文を発表した。それが、五五年体制という言葉の初出として現在も言及される「一九五五年の政治体制」(升味一九六四)である。

政党制と政治体制

升味もまた石田雄と同様に、蠟山調査や岡義武グループに参加した。行動科学の影響をうけ、当初は象徴論にとりくんだが、岡グループにいた頃には政治過程に関心が移った。一九五五年体制論を書く時には、「新しい体制と社会変動の実態を調べて、政治過程の全体を鳥瞰したい」と思っていた(升味一九七六、二〇〇七)。論文はこう始まる。

現在の政治体制の構成がいつできたかときかれれば、私はためらわず一九五五年と答える。つまり、その年の秋におこなわれた社会党統一と保守合同が、現在の政治体制の額縁をつくったのである。もちろん講和条約も占領体制も太平洋戦争も、大正デモクラシーも明治維新も、さかのぼれば数かぎりない事件や人間の所産が現在を構成しているにちがいない。しかし、それらが現在になだれこむ大ダムができたのはやはり一九五五年である。

（升味一九六四）

升味は一九五五年体制を「ダム」と呼ぶ。その捉え方の中心には政党対立がある。今では常識の範疇に入る認識といえるが、当時はそうではない。講和独立後の日米安保体制の成立や、六〇年安保後の池田内閣の経済成長路線への変化を画期とする立場もあるだろう（大嶽一九九九）。凍結した政党配置の構造と機能を論じること、升味はこれを課題とした。その意味では政党制（party system）の研究にあたる。

升味準之輔　写真提供：共同通信社

だが升味の論述は政党にとどまらない。同論文はくりかえし加筆修正され、最終的に『現代日本の政治体制』（升味一九六九）に収められたが、そこでは個人後援会、官庁、企業、利益団体、マスメディア、投票行動、そして社会変動にまで筆が及んだ。

政党の数や規模なら、当時すでに研究がある。岡義達の名づけた「一ヶ二分ノ一大政党制」は、自民党と社会党の議席数（約二対一）に着目したものだ（岡一九五八）。だが升味は占領期の「吉田氏の体制」（升味一九六三）との区別を意識しつつ、政党制を支える社会的条件や、政治過程の記述に眼目をおいた。升味が「五五年政党制」といわず、政治体制

(political regime）という言葉を持ちだした所以である（竹中一九九六）。

政治体制の条件

升味の見るところ、重要なのは五〇年代後半から始まる高度経済成長の政治的影響である。問題は経済変動への政治勢力の対応にある。

高度経済成長は政治過程をどう変えたか。升味によれば、第一は都市化による有権者の投票行動の変化である。伝統的な社会生活の崩壊に伴い、地元有力者と有権者の個人的日常的関係に基づく選挙地盤は流動化し、得票機能を低下させた。浮動票が増加し、人びとの行動は自己利益に基づくか、象徴的な観念で動員される。この変化を升味は大衆化と呼ぶ。

第二に個人後援会と利益団体である。候補者の個人後援会は、伝統的地盤の弛緩に対応して、持続的な大量動員組織の必要から作られた。社会党の支持基盤である労働組合も票動員能力は高くなく、候補者は後援会を自前で持つようになった。さらに、占領終結後に圧力団体が活発化し、各団体は自民党代議士と中央官庁への陳情路線に系列化される。升味はこれを組織化と呼ぶ。

第三にマスメディアと官庁の影響である。浮動票の増加に伴い、有権者はテレビを通して政党指導者の風貌に接し、「地方選挙より衆議院議員選挙に関心をもち、人物本位より政党本位で投票する傾向」が強まる。現在でいう政党ラベルの重視である。また、地方財政の窮迫から、地方自治体は中央政府の財政的援助に依存し、中央政府の強い統制をうける。地方議員・県庁などが中央に陳情におしかけ、中央と地方にまたがる陳情団が形成される。升味が集中化と呼ぶ現象だ。

これらは五八年の論文「政治過程の変貌」で提出した論点である。「一九五五年の政治体制」ではさらに地方政治や派閥政治、国会運営とも組み合わされ、政治体制の中に位置づけられた。

二大政党は高度経済成長に伴う社会的変化にうまく対応し、集票構造を変容させつつ持続化に成功した。升味の描写する一九五五年体制は、高度経済成長に依存した安定的体制としてモデル化されたのである。

展望

升味の論証はかなり粗密がある。各種の社会調査を引用し、データ的に社会変動を跡づけようとする姿勢は行動科学者の一面だろう。だが、投票行動におよぼす都市化の影響といった一つひとつのテーマについて、升味の用いた記述統計から推論できることは実は多くない。投票行動のモデル化や、要因間の相互関係を解きほぐす変数の統制といった考え方が浸透するのは、まだ先のことである。後援会や派閥政治についてはエピソードが並列的に配置され、体制の分析としては方法的吟味が物足りない。史料に語らせるスタイルは、むしろ後年の升味が政党史研究で得意としたものだ。彼自身、方法の過渡期にあることの反映といえる。にもかかわらず、升味の政治像は、利益に焦点をあてた斬新なものだ。保革イデオロギーや、遅れた政治意識といった従来的な語り方とは異質である。石田雄が日本政治に旧い伝統的秩序が組み込まれていると論じたのに対し、升味はたとえ伝統的秩序が崩れ落ちても、日本の保守支配は変化して持続することを示した。農村人口の減少、都市化といった生活の変化は、圧力団体による利益還流や、象徴による動員を通して、政治体制を支える条件となる。利益政治の存在は、それまでも萌芽としては認識されていたが、升味は正面から論じたのである。

升味は体制崩壊の兆候もみていた。議席数の比率はおよそ二対一を保ちつつも、選挙のたびに両党は議席を減少させていた。彼はこれを「二大政党の収縮」と呼ぶ。多党化と呼ばれる現象のコインの裏側である。選挙地盤の流動化はとまらない社会変動であり、後援会結成などの応急措置で歯止めはきかない。六九年版の論文の結論部では「一九五五年の政治体制の基礎的条件に変化がおこりつつある」として、こう述べた。

一九五五年の二大政党制は、そのなかで経済の高度成長が発展する枠組となったが、それがもたらした社会的政治的変動を枠内で処理する能力を発揮しなかった。

高度経済成長は、二大政党制の条件であると同時に崩壊条件となるという。一九五五年体制論は読者にその終焉を予感させて、議論を結ぶのである。むろん、現実の二大政党は升味の予想を超え、一九九三年まで存続するのだが。

名称の定着

実は升味の一九五五年体制論は、当初ほとんど注目を集めなかった。一般向けの講演でもこの名称を用いたが、広く反響があったとは思われない（升味一九六八）。自身も政党史研究に重心を移し、現代政治を語る機会は減っていった。

升味論文から一二年後の一九七六年、新聞記者の深津真澄（一九三八〜）が「五五年体制」という言葉を『朝日ジャーナル』で使った。深津は自社二党体制とその政治経済構造を五五年体制と表現し、ロッキード事件をうけて「〝五五年体制〟が清算の過程に入ったのではないか」と書いたのである（深津一九七六、一九七七）。升味論文のことは知らなかったという。だとすると、この語は深津の独創ということになる（深津一九九三、佐藤二〇二二）。

この直後から、新聞や雑誌で一挙にこの言葉が広まる。その多くは「よく言われるように、いわゆる五五年体制が崩壊し……」という断り書きを付しており、急速な用語の流布がうかがえる。七八年には民社党の運動方針に「いわゆる五五年体制が崩壊過程に完全に入った」との現状認識が書き込まれ、これが報道されることを通して、五五年体制は一般に通用する用語になっていった。『現代用語の基礎知識』に載るのは七九年版からである。

盛り上がりは学界にも波及した。七九年に日本政治学会は「五五年体制の形成と崩壊」を学会誌で特集した。もともと「現代日本の政治過程」として七七年度に刊行予定だったが、準備作業で出版が二年遅れ、この間にタイトルが変更されたのである。

なお、実は、深津の記事が出る二ヵ月前に、軍事評論家の山川暁夫（一九二七〜二〇〇〇）も五五年体制という言葉を雑誌で使っている（山川一九七六）。山川のいう五五年体制は、冷戦と高度経済成長を本質とする、国際的な軍事力や通貨体制が国内秩序を支える包括的な体制を指している。著書『アメリカの世界戦略』（一九七八年）の著者紹介には、「氏が提起した〝五五年体制の崩壊〟という視座はたちまちジャーナリズムの共有するところとなり」との記載がある。しかし、人口に膾炙《かいしゃ》した五五年体制論は政党対立を中心としたものであり、山川の用法とは力点が異なる（佐藤二〇二二）。

ともあれ五五年体制という用語が浸透する中、升味論文がその初出として注目された。八〇年五月一八日付の読売新聞の解説記事にはこうある。「五五年体制という用語のルーツは、はっきりしないが、黒い霧選挙（一九六七年）で、自民党が衆院で初めて得票率五〇％を割ったころから一部の政治学者の間で使い始めたといわれる」。執筆者は不明だが、升味を念頭においているのは明白だ。升味もこの頃から一九五五年体制論を再説する機会が増えた（升味一九八三）。ヨーロッパ政治史学者の山口定《やすし》（一九三四〜二〇一三）は、やや皮肉を交え、「「五五年体制」という表現そのものの最初の使用例は必ずしも明らかではなく、升味準之輔が、一九六四年の自己の論文（略）の存在を最近あらためて強調しているぐらいである」と紹介している（山口一九八五）。

升味論文は、次第に「五五年体制」の初出文献としてみなされていった。学界でもこの言葉を用いる研究が増加した。長年の空白を経て再発見されたのである。

計量書誌学には「眠れる森の美女（sleeping beauty）」という比喩がある。長い間注目されなかったが、ある時から被引用数が急増する文献のことだ。升味論文はその典型的な軌跡をたどった。学問史ではしばしば起こる現象だが、論文が眠りから「目ざめる」には一定の偶然と、高い先見性が見出されることが条件となるのは、言うまでもない。

3　京極純一の政治意識分析

牽引者として

日本の行動論政治学の歴史をたどる時、京極純一（一九二四～二〇一六）の名前を逸することはできない。のちに『丸山真男論ノート』を書く笹倉秀夫（一九四七～）は、丸山の政治学に魅惑され東大に入った時、京極の講義を聞き「その嫌みなシニカルさに強い嫌悪感を覚え」絶望したという。この話を聞いた丸山は反論する。

京極純一

それは見当違いでね。戦後の丸山政治学なんていうのはジャーナリズムが作った名称であって、戦後の政治学の建設者は誰かと言えば京極君なんです。それくらい大きな存在です、京極君は。アメリカの行動科学論を駆使して、日本の政治過程を分析したわけです。僕は専門が政治思想史でしょう（略）。（丸山ほか二〇一四）

謙遜もあるかもしれない。だが政治思想史が専門の丸山は、自身の行った現代政治分析を「夜店」と称し、専門外の言論だという考えを長く持っていた。「戦後の経験的政治学というものを今日の隆盛に導いたのは公平に言って京極君なんです」との発言は本心だろう(丸山ほか二〇二四も参照)。経験分析を前進させたのは丸山以後の世代であり、その代表格が京極だった。

京極の行動論政治学者としての名声は早くから高かった。後述する助手論文が発表されたのは、第一回蠟山調査のわずか三年後の一九五二年である。六〇年頃にかけて、尾形典男(一九一五～九〇)、藤原弘達《ひろたつ》(一九二一～九九)、堀江湛《ふかし》(一九三一～二〇二〇)、吉村正らを中心に各地で選挙調査が盛んになるが、京極はその先駆けにあたる。

計量分析はまだ受難の時代だ。同じ頃、東京大学助手の福島新吾は計量的な論文を書いたが、教授から「ただこけおどしに難しい数式を並べて、常識程度のことしかいってない」と冷笑され、論文は公刊されず、福島はこの方面の研究を放棄してしまった(福島一九八九)。

こうした思潮の中、京極は統計を用いた研究業績を重ねた。岡グループに参加した時は、升味との共著で「政治意識における前進と停滞」を書いた。六一年、パリの世界政治学会(IPSA)の開催時には、丸山から指名され、日本の行動論政治学の動向をレビューした

「日本における政治行動論」を書いている。この分野の牽引者として認知されたのである。

地盤と政治意識

京極の研究テーマは広義の政治意識である。戦前、学生時代に学んだ「西洋原産の政治学」は、日常生活の見聞とかみ合わないと感じたという。子どもの頃から、「総選挙があるとき田舎で具体的にどういうことがあるのか、大人の脇で見て知っているわけです」。関心は「日本人は何をしているのか、何をしてきたのか、という自己認識」の方向に向かったのだという（京極二〇一三）。

復員後、貧困のなか執筆された助手論文「現代日本における政治的行動様式」（一九五二年）は、国政・地方選挙を素材とした分析である。事後調査ではあるが、出身の高知県の選挙区の開票データと、学生によるインタビューを使っている。手持ちの統計知識は平均、分散、相関係数だけだった。高知県は自由党の選挙地盤といわれるが本当にそうか、その安定度はどうか、などのトピックに対し、「地盤係数」や「支持係数」等の独創的な指標を用いて切りこんだ。

独特なのは、浮動票の捉え方だ。浮動票は政治行動の一類型であり、選挙ごとに投票先の安定しない有権者の票をいう。浮動票がなければ、政党の議席数は固定され、選挙は機能しないから、浮動票は政党政治の根本条件である（京極一九六八）。浮動票は、選挙地盤に固着しない有権者の姿なのである。

しかし、なぜ政治行動は変動するのか。理性的な討論、説得、妥協によって、あるいは支持政党に対する不満や批判の表現として、主体的に投票先を変えることはあるだろう。だが、現代の大衆社会に登場するのは、もはや、そのような政党を選択する主体とはいえない「客体的な浮動層」であるという（京極一九五四）。ここで京極は、政党支持の「構造的な浮動性」につきあたる。

有権者の政党支持は変化しやすい。年齢によっても変わるし、なにより政治は人の意識にとって中心的なものではない。多数の人びとは「政治に無関心で不定形なマス mass（大衆）」なのであって、古典的な民主主義理論が想定するような市民ではない、と京極は言う（京極一九五四、一九六九）。

ここで出てくるのが政治意識だ。有権者の投票行動が社会経済的要因で説明できるなら、あえて政治意識を持ち出すことはない。現にある時期まで、社会党支持の伸びは都市化や産業化で説明できた。しかし五五年以降に「革新の伸びの頭打ち」が常態化すると、社会経済的要因では説明できず、政治が人の意識に占める位置を捉えねばならない。京極はそう述べ、「生活文化、あるいは、秩序と意味体系にわたる意識」の研究という遠大な構想に踏み出していくのである（京極一九七九ａ）。

時代の制約上、方法的な限界はある。利用しえたのは選挙区単位の得票データであり、有権者個人の浮動性は実は明らかでない。だが、高い評価をえた丸山に勧められ、この助手論文は『思想』に掲載された。政治学者の猪木正道（一九一四～二〇一二）は、「日本の政治学は、ここから始まります」と興奮気味に学生に紹介したという（三宅二〇一七）。科学としての政治学の発展を予感させる論文だった。

方法

京極は行動科学の方法から影響をうけた一人だが、それは行動科学の一側面にすぎない。行動科学には理論志向と方法志向の潮流があり、米国でも両者は時として折りあっていない。石田の組織論は理論志向を継いだものだった。京極の場合は、理論的作品もないわけではないが（京極一九五六）、明らかに方法志向が強い。方法とは検証ないし推論の手段、手続きのことである。方法に支えられた知識が科学である、という発想に接近するものだ。

方法の知識は、国境をこえた移転が容易である。五七年、米国留学の機会を得た京極は、岡義武から「留学するときの勉強の仕方はいろいろあるけれど、補助科学をやるのもひとつだよ」とアドバイスをうけ、統計学、社会心理学、心理学を吸収した。おそらく留学で得られたものの一つが、統計学の検定である。

検定とは、少数の標本から母集団を推論するための基本的手続きの一つである。選挙や投票行動は全数調査が困難なため、一地域のケーススタディが多かった。知見を一般化するには、検定を用いた標本調査が必要となる。

滞米二年目、イケ・ノブタカ（一九一六〜二〇〇五）とおこなった共同研究〝Urban-rural Differences in Voting Behavior in Post-war Japan〟（邦訳「戦後総選挙における投票行動」）では、全国から二四の選挙区を無作為抽出し、検定を駆使した分析を行った。コンピュータのない時代のこと、歯車式の電動計算機による手計算である。候補者数や得票数など、都市と農村の差を推定し、各政党の地盤、集票行動の違いを浮き彫りにした。結論だけとりだせば、その多くは既知かもしれない。だが京極はこう述べる。

かりに単に自明なことが確認されたにすぎないとしても、ここでえられたことは「方法的」にえられたものであることを見落してはならない。政治学においても、大切なものは方法的な知識であるからである。（京極一九六八）

今の用語でいえば、重要なのは頑健（robust）な知識であり、適切な方法がそれを支えるということである。わざわざこのように付記したことは、周囲の反応がどのようなものだったかを物語る。

方法は発展途上にあった。帰国後の五九年には、統計学者の林知己夫《ちきお》（一九一八～二〇〇二）らの政治意識研究会に参加した。林から教示を得て、数量化理論と呼ばれる分析手法を習得している。共同作業の社会調査にも接した。当時の政治学者としては異例なことに、統計学的な方法に関する論考を発表してもいる。

了解モデルとB・Bモデル

京極の方法志向は、統計的方法の導入だけでなく、研究の思考法すなわち方法論の深化にもおよんだ。日本社会心理学会の学会誌に寄稿した「現代政治学の問題と方法」（一九六一年）は、既存の研究のロジックをモデル化している。了解モデルとブラック・ボクス（B・B）モデルである（京極一九六九）。

了解モデルとは、あるモデルが正しいか否かが、消費者の了解に依存する説明モデルだという。客観的な事象の証明というより、研究者の洞察で形成される。消費者は「自己省察ないし実感」に照らしてモデルの正しさを承認する。読み手がピンとくるかが成否をわけるのである。モデルは権威を帯び、論争は実証によっては決着せず水掛け論におわる。科学よりは文芸に近く、今日の政治学の大部分はこのモデルに属するという。

他方、B・Bモデルは「科学的」であり事実の証明に基礎をおく。政治現象の内部はブラック・ボクスであるとし、完全には知りえないが、測定や操作はできる。一般の科学的仮説と同じ地位に立ち、実証的な検定が可能である。専門知識のない読者が理解できるかは内容の正しさと関わりがない。具体例として行動論のサイバネティクスが挙げられている。

一見、京極がB・Bモデルの立場にたち、旧来派を皮肉まじりに批判した格好だ。しかし実際はより両義的かもしれない。京極は同じことを「文芸的印象記述的な方法」と「行動論的な方法」と呼びかえ、「目的に応じ資料に応じて、この二通りの方法を使い分ければよい」のであって、どちらが学問的に高次元かという議論は生産的でないともいう（京極一九六八）。旧来派へのリップサービスとはいいきれない。京極の言に従えば、イケとの共同研究までは了解的方法にたよっていたという。『文明の作法』（一九七〇年）、『和風と洋式』（一九八七年）などのエッセイも同様のスタイルといえる。

おそらく、京極には「二つの魂」（京極一九六九）が同居しているのである。典型は教育だろう。後に講義をまとめた『日本の政治』（一九八四年）は、「親心の政治」や「正論の政治」など独自の概念を用い、了解的方法で政治意識を解説するものだった。了解モデルは読み手の日常的な理解能力をもとに、政治現象の理解、自己定位、練達に寄与する。その限りで実践理性に貢献すると京極は主張した。

了解モデルの政治学説を真に理解するには、社会での経験がいる。京極の講義の冒頭では、「社会化」——生まれ出た人間が「社会と文化の中で生きられるように学習を積み重ねる」こと——が論じられた（京極一九七九b）。講義には「早く大人になりなさい」というメッセージが込められていたという（都築二〇二〇）。『日本の政治』は複数の書評者から「人生経験を積んだ堅気の大人にこそ読んでほしい」と推奨された。政治学は「四〇になって学べばよい」（岩永編一九七四）とか、「大人の学問」（阿部・内田一九九九）といわれる所以かもしれない。

二つの魂

京極の行動論研究は二つに分化していった。一つは選挙地盤の研究としての純化である。六三年秋の衆議院選挙にあたり、京極は「政治学に波紋を投ずるためにいっしょに一仕事やらないか」と声をかけ、立教大学の尾形典男と、かつての指導生だった高畠通敏《たかばたけみちとし》（一九三三〜二〇〇四）と組んで神奈川三区を調査した。

世界的にもユニークな中選挙区制——一選挙区から複数人を選出する選挙制度——を採用していた日本では、派閥とその支持基盤として地盤が形成され、地盤は親から子へと譲られる。この特異な政治現象を国際学会で報告することは、日本の学者の義務であり特権であると京極は考えた。

東京大学法学部の研究会での報告を経て、六四年九月の世界政治学会で"The graphic analysis of JIBAN (support for candidate) in Japanese election"（日本の選挙における地盤のグラフィック分析）が発表された。候補者の得票地盤をグラフ化する前例のない分析である。「本稿がたんに特殊日本的状況の説明としてではなく、政治の普遍的現象の研究についての強力な方法の例示として読まれることを望む」と結んだ京極の報告は、国内では理解されなかったが、米国の政治学者カール・ドイッチュ（一九一二～九二）らの称賛を得た。政治学の国際化の一歩でもあった。

その後も参議院全国区や戦前の得票データが収集され、地盤研究は続いたが、その成果は一部しか残されていない。だが探求が途絶えたわけではない。共同研究者の高畠は、この経験をもとに選挙現場を歩き続け、広く評判を得る『地方の王国』（高畠一九八六）を書いた。同書はルポルタージュではあるが、地方政治の地盤とその利益誘導を、保守支配構造に位置づけている。地盤分析は選挙研究の一つの柱として形成されていった。

もう一つは、政治意識の実証研究だ。比較政治学者ガブリエル・アーモンド（一九一一～二〇〇二）の主導する国際的な政治意識調査に、日本側の一員として京極も加わった。このプロジェクトは日本、米国、インド、ナイジェリアを対象とした比較調査であり、結果は『市民意識の研究』（池内編一九七四）にまとめられた。やがて京極は第一線から離れたが、政治意識の分析は形をかえて後続研究者たちが引き継いだ。

もっとも、京極には、数量研究の開拓者というには留まらない余剰があった。生活文化、秩序と意味体系に対する関心である。初期の作品から一貫して、データと数量分析を重んじる一方、その解釈には文芸やことわざの参照が多用された。計量分析にさえ了解的方法を組み合わせた京極の「二つの魂」は、後に実証研究を掲げる学者たちから、その不徹底を批判されることにもなる。

このように、石田、升味、京極はそれぞれ異なる仕方にせよ、科学を求める戦後の機運の下で一般理論、モデル、方法を模索した。今日これらの業績が参照される機会は多くない。だが行動科学を独自に応用し、戦後政治学の基調となる潮流を形成した。その影響は後々まで響くことになる。

第3章　近代政治学の低迷と挑戦者――豊かな社会の到来

1　田口富久治のマルクス主義政治学

低迷

一九六〇年代半ばから約一〇年間、日本政治学は停滞期に入ったようにみえる。六〇年の池田内閣以降、保守政治は経済重視路線をとり安定的に推移し、高度経済成長は所得の向上、高等教育の普及、ホワイトカラーの増大、マスメディアの発達をもたらし、人びとの政治意識は変わりつつあった。

論壇では六〇年安保運動の余熱に押され、安全保障の現実主義と理想主義をめぐる政治学者の論争や、自治や公害反対の市民運動にかかわる評論が活発化した。その華やかさとは対照的に、後世にインパクトをのこす業績は影を潜めたといわれる（苅部ほか二〇一一、酒井二〇二一)。

七五年一〇月、日本政治学会大会は「戦後における日本政治学の回顧と反省」を主題とし、広い関心をひいた。報告にあたったのはマルクス主義、行動論、国際政治それぞれの専門家だ。もっとも、あまり迫力のある議論にはならなかったようだ。報告者たちは口々に研究不振を述べ、政治学に「政治闘争の手段化への傾向」があること、「論壇政治学から教壇政治学への比重の転位」をすべきことなどを主張した。その場に居合わせた福島新吾によれば、「報告者も討論者も論点を拡散するばかりで、相互にかみあった議論が展開されず、聴く会員にも不満を残したまま散会となった」(福島一九七六)。学界の低迷を印象づけるものとなった。

またこの時期、行動論には逆風が起きていた。六九年九月、米国政治学会の会長デヴィッド・イーストンの演説「政治学における新しい革命」が波紋を広げている。かねて検証可能性や理論的把握を旨とした行動科学は、米国政治学に「行動論革命」と呼ばれるほどの変化をもたらしたとした上で、公民権運動やベトナム戦争といった重大な社会問題に対し、行動論は何を貢献したのか、行動論はとりくむべき問題に目をふさぎ、検証可能な対象に視野をしぼり、社会との連関を先細らせていないか——。イーストンはこう述べて、現在の米国では、政治学の有意味性をとりもどす「脱行動論革命」が起きつつあると主張したのである

（山川一九八二）。

日本で行動論は立ち遅れていたにもかかわらず、またはそれゆえに、脱行動論はまたたく間に注目を集めた。行動論に共鳴してきた福井治弘《はるひろ》（一九三五〜二〇二一）は、いち早くイーストン演説を日本に紹介し、行動論が「政治抜きの政治学」、「技術化され非価値化された政治学」を生んだことは否定できないとし、政治学者は何をなすべきかを問いかけている（福井一九七〇）。この新たな動きは行動論者を動揺させ、その反対者を勇気づけたのだ。とはいえ、行動論にかわる方法がすぐ見つかるわけでもなかったのである。

全国で勃発した大学紛争ともあいまって、混迷は増していった。一方その頃、近代政治学の外側では、新たな展開がなかったわけではない。その一つは、戦後長らく近代主義の敵手だったマルクス主義である。本章ではまず田口富久治（一九三一〜二〇二二）のマルクス主義政治学をとりあげ、停滞のなかでの模索をみることにしよう。

政治の科学

引用データを見てきた私たちは、終戦から五〇年代にかけて、マルクス主義が最大の参照先だったことを知っている。占領期、言論統制から解放されたマルクス主義は社会科学の方法に絶大なインパクトをもった。一九五〇年、日本政治学会の機関誌創刊時の座談会で、マルクス主義と近代政治学の対決が語られたことは、当時の知的ムードの反映といえる（蠟山ほか一九五〇）。

この激しい動向は、政治学の戦後再建と切り離すことができない。古典的なマルクス主義では、政治や文化はその土台である経済関係に根本的に決定されると考える、いわゆる土台・上部構造論をとる。これを歴史の発展法則としたのが史的唯物論である。学問もまた上部構造に他ならない。唯物論にたつ鈴木安蔵は、戦前の早いうちから「日本ブルジョアジーは、闘争の政治学をもつことができなかった」と考えていた。

> 在来の政治学の枢軸は、国家学であり、憲法学であった。そのことは、ブルジョア国家が最大にして且つ最も集中的な階級支配機関である事実に照応しているのであって、何等偶然ではない。それゆえにブルジョア政治学者の階級的本質はその国家に関する学説において最も典型的に表現される。（鈴木一九二九）

鈴木は、戦前のブルジョア政治学が観念論的であっただけでなく、「君×《ママ》主義の熱心なる擁護者」であり、「階級支配を隠蔽し、神秘化し、聖化する非科学として自己を完成しつつある」と考えた。対するマルクス主義は唯物論にたち、イデオロギーを含めて人間社会を総合的に解明する。「政治学は史的唯物論を方法論とすることによって、科学としての資格、価値、有動《ママ》性を確立する」（鈴木一九四九）。

戦前的な観念論を否定するマルクス主義は、その限りで行動科学と共通項があった。時代は下るが、六一年の日本政治学会で次のような質疑がある。

今中次麿氏　「マルクス主義政治学」といわれるが、科学としての政治学は一つでなければならないのではないか。

柴田高好氏　同感。但し科学的政治学はマルクス主義の方法でしか成り立たない。

マルクス主義政治学者の柴田高好（一九二五〜）には自信が現れている。マルクス主義は行動論と並ぶ、政治の科学の有望株だった。科学としての政治学の対抗的構想だったのである。

左派運動の高まりとも呼応して、マルクス主義の政治分析は相次ぎ出版された。活動家でもある志賀義雄の『国家論』（一九四九年）は労働者向けの啓蒙書だが、マルクス主義政治学のアウトラインを素描し、学者からも注目を集めた。風早《かざはや》八十二《そじ》の『政党論』（一九四九年）は日本の政党史と資本主義の結びつきを論じた。明治以後の天皇制の歴史的位置づけをめぐって、志賀・神山（茂夫）論争が起きたのもこの頃である。そして、鈴木安蔵の『史的唯物論と政治学』（一九五三年）は、政治学の方法としての史的唯物論に検討を加え、マルクス主義政治学の加速を予感させる理論書だった。

史的唯物論における政治

だが、日本でマルクス主義政治学が伸長したかといえば、これは疑わしい。五〇年代半ばから、その学問的インパクトは下降し業績は先細った。それどころか、当初予期されたマルクス主義と近代主義との対立構図は――少なくとも学界を二分するような深刻な対立は――その後の戦後史を通じてついに現れなかった。この点は、経済学や社会学との著しい対照であり、日本の政治学史の特徴といえる（橘木二〇一九、富永二〇〇四、田口二〇〇五a）。

なぜ不振に陥ったのか。第一に国内外の共産主義運動の混迷がある。五〇年代前半に日本共産党の所感派・国際派の分裂があり、五五年の六全協では武装闘争路線が自己批判された（福家二〇二〇）。五六年のスターリン批判、ハンガリー動乱で国際共産主義運動の権威は失墜した（小島一九八七）。学者や知識人を動揺させ、マルクス主義離脱を加速した。

第二に共産党との近さである。理論と実践の統一を掲げるマルクス主義では、研究と党の政治指導とが厳格に区別されにくいと言われてきた。党員の政治学者は自由な理論活動が制約されがちだ。ソ連では政治学が長年発達しなかったことを思い起こしてもいいだろう（稲子一九六六、ヒル一九八四）。党の政治主義に反発し、マルクス国家論の独自の再構成をめざす柴田が登場するのも、この文脈からである。

さらに第三に理論に内在する問題があった。史的唯物論と整合的な政治分析とは何かという論点である。経済分析である『資本論』に匹敵するような、政治の体系書は残されなかった。土台・上部構造論に素朴に従えば、政治現象は経済現象に還元され、政治の科学は経済学に帰着するのではないか。それどころか、史的唯物論をとるマルクス主義はそれ自体が総合科学であり、マルクス主義政治学は自律して存在しないのではないか。蠟山のような近代政治学者のみならず、マルクス主義者の間にもこの疑問はあった。史的唯物論に忠実であるほど、政治現象の特有性は見えにくくなる。結局、マルクス主義に立脚する政治学者は何をなすべきか、マルクス主義に基づく政治学は成立するのか、という根本問題は未解決のままだったのである。

状況が変わるのは六〇年代末だ。ネオ・マルクス主義と呼ばれる潮流が日本に紹介され、マルクス主義の枠をこえて注目を集める。中心にいたのが田口富久治だった。

田口富久治

ベントレー批判

田口の研究歴は、日本のマルクス主義政治学の歴史と重なる。秋田の食糧雑貨卸商の長男に育ち、家制度の旧弊に悩んだ青年は、東京大学で学生運動や経済学講義に触れ、マルクス主義に接近する（田口一九七七）。

つまり社会科学の勉強を通して日本の「家族制度」の歴史的起源や社会的役割をしだいに深く理解することができるようになり、またわたしの父の商売がその一例であるような日本の中小企業、零細企業のさまざまな意味での苦しさ（略）の根源が、資本主義という経済制度、とくに現在の独占資本主義といわれる経済のしくみにあることが学問的に明らかになっていったということです。（田口一九六六）

頭を悩ませた実生活の問題が、社会科学で解明されると田口は確信した。五三年、法学部助手に採用された時には、「日本的な個性をもったマルクス主義政治学」の建設を目標とした（田口ほか一九九四）。田口のライフワークとなった。

学内の研究会では、丸山からマルクス主義を相対化する視角・視点を学んだ。五一年に福田歓一から丸山の「科学としての政治学」を借りて読み、同論文の内容が政治学研究を貫く内的規範となると考えた。その後の伏線となる読書体験である（田口二〇〇五b、c、二〇〇二a）。

最初に課題としたのは、アメリカ政治学の批判的解明だった。当時、アメリカの思想や文化の基礎にはプラグマティズム哲学――実証主義や功利主義を特徴とする考え方――があるとされ（南一九五四）、日本共産党やマルクス主義者の間には、プラグマティズムを「帝国主義段階の「アメリカ・イデオロギー」」とする主張があらわれていた（芝田一九五八）。だが田口によれば、「すでに鶴見俊輔氏等の本格的なプラグマティズム研究を読みはじめていた私は、そのような批判には同意できず、批判としては最低の質のものと考えていた」という（田口二〇〇二b）。対象をより内在的に理解した上でなければ、批判として空振りするという実感があったのだろう。

辻清明から影響をうけ、五〇年前の政治学者アーサー・ベントレー（一八七〇～一九五七）の集団理論に焦点を定めた。その名前は特別な意味をもっている。前述のように五〇年代は世界的に圧力団体研究の隆盛期であり、この渦中でベントレーの主著『統治過程論』（一九〇八年）は集団研究の先駆として再発見され、行動論政治学の一源流として認知されていた（中谷二〇〇五）。「ベントレー・ルネサンス」は日本にも及び、辻清明はベントレーを「政治の形成過程という新しい研究分野に先鞭を付けるとともに、その後の政治学者に多大の寄与と刺激をあたえた」と紹介した（辻一九五〇）。初出論文に「はじめに行動ありき」（ゲーテ）というエピグラフを掲げたことは、田口の関心の所在を物語る。

ベントレーの射程は長い。国家の制度的記述に傾斜した従来の「死せる政治学」にかえて、政治過程での集団活動に注目する。国家や政府をはじめ、主権、権力分立、民主主義などのあらゆる政治現象は、集団の相互作用として捉え直される。観察可能なものに焦点化する科学観の裏返しである。このため「〈国家〉それ自体は、われわれの研究における何の要素でもない」（ベントリー一九九四）。社会的世界は集団活動の総体であり、政治過程は集団相互の均衡化過程に他ならない。田口はベントレーの政治観を「均衡理論」と呼び、アメリカ政治学に一貫する見方であると考えた。

田口の考えでは、均衡理論には階級なき社会観がある。ベントレーの前提とする多集団社会は、集団が自由に機能する社会であり、階級的固定化の発想はない。普遍的理論の装いとは裏腹に、その特異な社会観はアメリカ自由社会のイデオロギーの反映であるという。トクヴィルやルイス・ハーツなどのアメリカ自由主義の文献を用い、田口はこれを論証していく。史的唯物論による政治学批判の試みだった。

社会集団の政治機能

では、マルクス主義の現代政治分析はどうあるべきなのか。田口自身にも迷いや試行錯誤があったようだ。これは、そもそも一九世紀の西欧に誕生したマルクス主義にとって、現代の二〇世紀をどう考えるか、現代のマルクス主義とは何か、という問いでもある。

二〇世紀初頭のロシアを念頭においたレーニンの政治論が、現代日本にそのまま当てはまるとは限らない（田口一九五七ａ）。階級意識の実証も容易ではない。五五年夏に田口が参加した労働者意識の実態調査では、「何が階級意識であり、何が近代的行動様式であり、何が組合意識であるかを、具体的に措定することは、極めて難かしい」と率直に吐露している（田口一九五七ｂ、二〇〇二ｂ）。

そのためか、田口は意外にも、近代政治学に接近したようにもみえる。政治過程のパターンを見極めるため、論文「圧力団体としての医師会」（一九五九年）をはじめとして、圧力団体の実証研究を次々に発表した。ベントレー的な集団理論のタームを駆使し、石田雄の組織モデルを受け継いだ田口の論考は、一見オーソドクスな行動科学的な研究であり、圧力団体研究ブームの一角を占めた。田口を近代政治学者とみなす誤解が生まれたのも、必ずしも理由のないことではない（『エコノミスト』一九六七年二月七日）。

ただ、マルクス主義者の田口にとっては、社会集団のケーススタディは資本主義国家の政治的契機を探る意図があった。それは農協の研究に際立っている。戦後農政は「相矛盾する二つの要請ないし課題を荷《にな》わされて展開してきた」のであり、「この矛盾は、独占資本主義下の農政における体制の「政治的」理性と「経済的」理性の矛盾とでも表現さるべきもの」だという。前者は農村を保守党の政治的地盤として培養する要請として、後者は食料自給政策による農村の保護育成を通じた経済的合理化として現れる。資本主義による規定性の枠内ではあれ、「戦後農政の荷わされてきた政治的役割の圧倒的重要性」を田口は指摘した。

この視点は、史的唯物論における政治の問題と関わっている。体制の「政治的理性」を剔《てっ》抉《けっ》することは、素朴な経済還元主義を超えて、政治の運動を明らかにすることである。確かに国家の相対的自律性は、志賀や鈴木にも抽象的には認識されてはいた(志賀一九四九、鈴木一九五三)。だが彼らはエンゲルスの断片的な叙述に依拠したのに対し、田口は近代政治学の知見を援用しつつ、経験的事例から説得的な形で示したのである。

とはいえ、田口は「政治的理性」をマルクス主義の理論として、つまり既存の土台・上部構造論との関係で理論化することはできなかった。理論的仕事に取り組むのは六〇年代末からであり、そして、西欧で生起していたマルクス主義国家論のルネサンスに遭遇するのである。

ミリバンド＝プーランザス論争

田口の六九年の英シェフィールド大留学は、パリ五月革命や東大紛争など世界的な「学生の反乱」が背景にあったという。彼は学生反乱を「小ブルジョア急進主義」、「一種の革命ごっこ」と評したが、資本主義の崩壊が、もはやマルクスやレーニンの描いた形では前進しないことを印象づけるものだった（田口一九六九b、渡部・田口・いいだ一九六八）。にもかかわらず日本のマルクス主義には「あいも変わらず、国家は階級支配の道具」という議論があふれていた。「ヨーロッパに行ってみれば、何か新しい理論展開にぶつかるかも知れない」と田口は考えた（田口ほか一九九四）。

その期待はあたった。大学前の書店で、田口は出たばかりのラルフ・ミリバンド（一九二四〜九四）の著書を見つけ、さらに、同書で引用されているニコス・プーランザス（一九三六〜七九）の名前を知った。間もなく両者は『ニューレフト・レビュー』誌上で論争を繰り広げる。田口はすぐにプーランザスに新たな方法論があることに気づき、レビュー・アーティクル（総説論文）の形で日本に紹介することにした（田口一九七三b）。

田口の整理に従って、両者の論争を追ってみよう。まず、ミリバンドの著書はブルジョア政治学のもつ性格、つまり国家は中立的であり、資本家階級は資本主義社会の統治者でないという想定に対して、経験的事実をあげて反駁《はんばく》する。資本家階級の成員は直接間接に政府に参加しており、政府内のエリートは支配階級の出身である。支配階級と国家装置との間には人的つながりが確立されている、という。

これをプーランザスは批判する。政府への資本家階級の直接間接の参加は、重要な問題ではない。たとえ階級的出身が異なっても、国家の客観的役割は、国家装置の構成員たちに「内的統一性」をあたえる。そして、この国家の客観的役割が支配階級の利益と一致するのである。資本家階級のうちにも異なる利益をもつ諸分派があり、国家が支配階級全体の奉仕者であるには、国家に相対的自律性がなくてはならない。結局、ミリバンドの記述的アプローチによっては、支配階級に対する国家の相対的自律性を説明することが困難なのだ、と。

ミリバンドは反論する。プーランザスは経験的事実による証明を軽視しすぎている。国家の客観的役割を排他的に強調するプーランザス自身の分析は、「一種の構造的決定論、というより構造的超決定論」を導いてしまうのではないか、と。

ネオ・マルクス主義

両者の論争はまだ続くが、ここでは田口の受けとめ方に焦点を絞ろう。両者の論争には田口が抱えた年来の課題が表面化していた。マルクス主義における政治と国家の問題である。

田口の見るところ、「この論争は、一般論としていえば「体制」と国家の相互関連をいかに把握するかの問題に帰着する」。国家への接近方法からミリバンドは道具主義、プーランザスは構造主義ともよばれる。ともに一長一短がある。

ミリバンドの経験的アプローチは近代政治学の手法を逆手にとったものであり、論駁としては説得力が高いものの、マルクス主義の方法からは逸脱している。他方のプーランザスは、国家の機能が支配階級の利益と一致するという主張は正しくても、国家権力をめぐる諸勢力の政治過程を経験的に捉えていない。この点でミリバンドの方法は情勢分析に一定の有効性をもつ。田口は両者の止揚が必要であると結論づける（田口一九七三ａ）。

素朴な土台・上部構造論をとらず、国家の相対的自律性を重視する両者の立場は、ネオ・マルクス主義と呼ばれる。実は当時アメリカや西ドイツ、そして藤田勇《いさむ》をはじめとした日本の法学分野でも、新たなマルクス主義国家論の展開が起こっていた。その後約一〇年間、田口は熱心にその動向をフォローし、多くのレビューを残していく（田口一九七九）。

田口が注目したのは、やはりプーランザスだったろう。経済的危機が政治的危機に影響し、社会諸関係の全体の危機を出現させるというプーランザスの「構造的危機」論を手がかりに、七三年のオイル・ショック以降の日本の危機を考察したこともあった（田口一九七九）。だが、抽象度の高いプーランザスの議論は実証的手がかりに乏しく、田口もまた実証研究から遠ざかっていった。その間も、日本のマルクス主義の学術的インパクトは減衰がとまらなかった。先進国革命論や多元的社会主義論など新規の主題に着手しつつも、日本共産党との確執（田口・不破論争）を経て、やがて九一年のソ連崩壊を迎えるのである。

結果として、田口は古典的マルクス主義の相対化に取り組んできたことになる。九四年の定年退官時にはこう述べる。

私は研究生活の出発点において、「マルクス主義政治学」の樹立という目標を立てましたが、この目標の達成には挫折したといえます。あるいは大きく変容を余儀なくされたといわなければなりません。私のいま構想している政治学は、（略）「マルキシアン」ではあるとしても、最早排他的に「マルキスト」ではありません。（田口一九九五）

田口の研究規範には、丸山の影響が色濃い。八六年には、「マルクス主義的見方や方法に多くを負いながらも、学者の「職分」論としては、ウェーバー的立場」（丸山眞男の「科学としての政治学」で表明された立場）に立つとしていた（田口一九八六）。丸山に深い敬意を寄せてきた田口にとって、マルクスと丸山という二つの研究上の中心があった。九〇年代以後、丸山眞男研究へ移行したことには、それが現れている。

国家論のルネサンス

田口の残した膨大なネオ・マルクス主義文献の翻訳とレビューは、思わぬ副産物を生んだ。近代政治学者から注目を集めたのである。

国家論の復権、ないし再興の動きは、この十年の間に、さまざまの領域で散発している。（略）ユートピア思想やアナーキズムの復権がその敵としての国家への関心をかき立て、「国家独占資本主義」の実体への接近が国家概念の検討を求め、多国籍企業の巨大な姿が、国家の見直しを迫る、という事実は疑いようもない。（福田一九七六）

七六年に政治思想史家の福田歓一がこう書いた背景には、戦後政治学の見直しの機運がある。福田も言うように、日本の政治学者の「国家ばなれ」は戦前のドイツ国家学との絶縁に端を発し、戦後、ベントレーをはじめ国家観念を放逐した行動論の影響下で、政治意識や政治過程に主題を求めてきた。五七年には既に「政治学本来の公的関心や機構の問題を蒸発させる危険」が指摘されている（『日本読書新聞』一九五七年八月二六日）。六〇年代末から行動論の狭隘《きょうあい》さが問い直され、日本政治学会がその機関誌で特集「行動論以後の政治学」を組んだのは七六年である。ポスト行動論を模索する中、探り当てられた一つが国家論だった（加藤一九八六）。

同じような動向は、米国でも並行して起きていた。八一年の米国政治学会は「国家論の再建」を共通テーマに掲げ、大会企画委員長のセオドア・ローウィらは、「われわれの見解によれば、アメリカ政治学は、その歴史のほとんどの期間を通じて〝国家なき〟政治学であった。（略）しかしわれわれは、政治過程や行動が、国家制度や市民の国家観念の文脈においてこそ最もよく研究されうるのだ、といいたい」とのべた（Lowi and Tarrow 1980）。そして間もなく、「国家を取り戻す（Bringing the State Back in）」が米国政治学の一つのスローガンとなるのである。

こうして、国家論の復権《ルネサンス》が、八〇年代には大きな潮流として顕在化した。もっとも、国家が政治学の語彙の中心に舞い戻ったわけではない。「われわれは単に政府にすぎないものを「国家」と呼ぶことをつつしむべきであります」という信念はいまだ強かった（福田一九八六）。にもかかわらず、日本でもミリバンドの所説を手がかりに、分析の発展が試みられた（酒井二〇一六）。意図せぬ結果かもしれないが、田口によるネオ・マルクス主義の系統的な紹介は、非マルクス主義の政治学の進展を促したのである。

2　三宅一郎の投票行動研究

科学の規範

研究行動は規範によって支えられる。科学社会学の古典『社会理論と社会構造』は、「科学のエートス」と呼んだ（マートン一九六一）。規範は何がよい研究かを評価し、逸脱を戒める。研究者になることは学者の規範を身につけることである。規範のリストは時代や分野によって長く細かくなろう。マルクス主義者の研究行動は、社会主義建設の理念で組織されていた。日本の政治学ではどうだろうか。

少なくとも六〇年代後半までの間、丸山の『現代政治の思想と行動』が研究行動を方向づけたことは確かだ。同書の「科学としての政治学」は政治学が現実科学であるべきことを強調する一方、政治認識の存在被拘束性を意識すべきとした。この議論はおそらく、丸山の意図した以上に政治学史の方向性を規定した。

丸山の警句は微妙なバランスの上に書かれていたが、実質的には後者に力点がおかれて読まれた節《ふし》がある。前章までの人びとが、行動科学から一定の栄養分を得つつも、その分析枠組を日本的文脈に即して鋳造しなおすことに多大な努力を傾けたのはその現れである。日本の近代主義は、普遍性の装いをもつ行動科学に対してその局所性、限界性を認識すべきという規範として定着していく。行動科学との切断面は次第に拡大した。

近代主義の研究規範は、安保反対運動を経て六〇年代に入ると決定的に変容していく。当時の著名な教科書は、現代政治学の紹介というコンセプトにもかかわらず、統計数字や科学的事実への「無条件降伏」を戒め、行動科学への猜疑に貫かれている。政治学は了解的方法を中核とした市民の「自己認識の学」であるべきなのだ（篠原・永井一九六五）。現実科学たるべしとする主張は後景に退き、評論と実践活動に重きをおく市民政治学が生まれるのは、この文脈からである。

他方、こうした規範を共有しない行動論学者も現れる。一九六七年に大部の投票行動研究を発表し、学界に「あたかも突然変異による産物のように」（大嶽一九九九）登場した三宅一郎（一九三一〜）である。

三宅は新聞や雑誌に登場する機会は多くなく、一般読者には知られていないかもしれない。それればかりか学者にさえ、「日本の政治学者では最も有名な一人であるが、そのわりには直接、ご尊顔を拝した者は少ない。何故なら、本人が研究室から顔を出すことがほとんどないからである」と紹介されている。「噂では、研究に熱中するあまり、よく食事をするのを忘れたり、時には、教授会が始まったことに気づかず、行ってみたらすでに終わっていたなど、逸話は枚挙にいとまがない」（小林二〇〇一ａ）。それだけいっそう三宅の特異性は際立つ。

偶然と転向

行動科学との出会いは偶然、あるいは一種の転向だった。三宅はこう述懐する。

私の投票行動の研究は、まったく〝偶然な出会い〟から始まったわけです。日本の政治学者の中で、行動科学的政治学をやっている連中は、多かれ少なかれ、私と同様に、〝偶然的〟なところをもっていたり、あるいは転向者といううしろめたさをもっています。

（根岸・三宅一九七二）

日本の行動論政治学者には、偶然性や「転向者といううしろめたさ」があるという。むろん全員がそうではないだろう。三宅はこの言葉の後に、「もっとも立教大学の高畠通敏教授だけは、「ぼくは偶然で始めたのでも、転向したのでもない」といっておおいに胸を張っておられますが」と続ける。京極のもとで若き行動論政治学者として期待された高畠通敏は、当初は丸山の『政治の世界』で目を開かされ、行動論の概念枠組や投票行動の分析に従事していたが、同時に、行動科学に強い違和を持ち続け、やがて評論や市民運動に注力していった。これとは対照的に、三宅は「転向者といううしろめたさ」を抱えつつも、行動論政治学の道を前進することになる。

三宅はもともと政治史を専攻していた。京都大学の大学院生時代（一九五四年〜）には薩長連合を、同人文科学研究所の助手採用後（五七年〜）には明治官僚制の成立史をテーマとしている。

三宅一郎　写真提供：朝日新聞社

転機となった五八年の米国留学は、確かに幾重にも偶然が重なっていた。冷戦初期の当時、米国ロックフェラー財団は共産主義への対抗として、人文社会科学の振興のため資金提供を行っていた。京都大学は同財団の援助を受け、五一年からアメリカ研究セミナーを開催し、五五年からは毎年二名を交換教授として米国に派遣していた。五八年の派遣にあたっては、候補だった助手が辞退したため、かわりに三宅に白羽の矢が立ったという。米国行きは突然何の準備もなしに決まった（内田・三宅二〇〇〇）。助手が在外研究に赴くことはまだ珍しかった時代である。

滞在先がミシガン大学となったことも、全くの偶然だったと三宅はいう。かねて同大学日本研究センターのロバート・ウォードとは知り合いで、「ウォードさんに手紙を書いたら、返事が来て「おまえはミシガンの大学院生になった」ということでした（笑い）」。ミシガン大学は先のセミナーの米国側協力校だった。

五八年八月、米国に到着した三宅が目の当たりにしたのは、経験的な行動科学ムーブメントの中心地となりつつある、熱気渦巻くミシガン大学だった。当初彼は歴史を勉強していたが、「珍しい科目だったので」、たまたま政治行動論や政治心理学を受講した。それが、ウォーレン・ミラーやドナルド・ストークスらのミシガン・グループによる、世論調査データを使った計量分析のセミナーだった。彼らの調査の「分析内容に関する表が一日に十枚くらい出てきて、現在進行形の湯気の出ているような内容でした」。三宅は「徹底してデータに依拠していこうとする彼らの姿勢」に惹かれ、「自分でもやってみたい」と思ったという（大嶽一九九九、『朝日新聞』二〇〇八年一二月一一日）。

政治史から政治行動論へと、三宅の心は動いていった。後年の言によれば、「政治史の方法といまやっている方法とは実質的に同じ」であり、「政治史からこちらの方向へ移ったとか変ったとは思っていない」という（三宅一九八四）。実証と再現性を規範とする点で、歴史学と行動論は変わらないというのが三宅の考えだった（三宅一九九六）。

六〇年に帰国した三宅は、ただちに日本でも同様の調査をしたいと考えた。モデルとしたのは、刊行されたばかりのミシガン・グループの全国調査『アメリカン・ヴォーター』(Campbell et al. 1960)である。だが容易ではなかった。まず費用の問題がある。

アメリカではどうやって全国調査をしているのか、ミラー先生にいろいろと聞いたのですが、お金の桁がぜんぜん違っていた。推定していた数字の数十倍であった。(略)これではどうにもならないと諦めかけたのですが、やりたい気持ちがだんだん大きくなり、小さくしてでもやろうということに。つまり、全国調査は諦めた。(村松・西澤二〇一三)

費用の制約から、調査は京都府宇治市に限定された。大学院時代の指導教官だった猪木正道の助言を得て、文部科学試験研究費を得たものの、「金額は五〇万円ほどで、質問票の印刷費以外には、面接員として雇った学生にアルバイト代としてほんの一部をあてることができただけ」だったという(村松・西澤二〇一三)。最終的には、成果の刊行までにあと二度の外部資金を得ることになる。

コンピュータ利用の問題もある。同じころ、モンロー社製の機械式計算機を三ヵ月まわして選挙分析をしていた高畠は、渡米して電子計算機に直面した時、同じ計算が三分かからなかったことに啞然《あぜん》としたという（高畠二〇〇九）。日本ではまだ手回しや電動の機械式計算機が用いられていた時期、ミシガン・グループはＩＢＭ社の電子計算機を使っていた。六〇年代に入って、日本の大学でも大型計算機の設置は始まっていたが、日本初の共同利用施設として東京大学大型計算機センターが開設されるのは六五年（サービス開始は六六年）まで待たなければいけない（小柳二〇一九）。一介の社会科学者が、コンピュータを利用することはまだ縁遠かった時代である。

三宅はどういう縁があったのか、大阪に支店をもつ証券会社の「犠牲的御好意」により、同社のＩＢＭ計算機設備を使用できることになった。スタッフからはプログラミングや機械操作の指導をうけ、「この新鋭資料分析能力の助けをかりずには、短期間にぼう大な資料をこなすことは全く不可能であったろう」と回顧している。その後は神戸大学、日本学術振興会や東京大学の各センターを利用してもいる。社会科学における電子計算機の利用をどう浸透させていくか。これが後に三宅の課題のひとつになる。

宇治調査

六〇年代は多党化が進んだ時代だ。社会党から分かれた民社党が一定の議席を得て、共産党も議席数を増やした。六七年には公明党が議席を得て、以後地歩を固めている。自民党優位は変わらないものの、野党は多党化し、従来の二大政党制は変質していた。二大政党の根づいている米国や英国とは異なる政党制が形成されつつあった。

地方都市の政治は、多少の差こそあれ、国政政党の対立と紐づいている。調査地となった京都府宇治市もまた、民社と共産が票を伸ばしている。革新勢力が強い土地柄ということもあり、それだけいっそう多党化の傾向は明白だった。

三宅たちの行った宇治調査は、今日の学界ではよく知られている。心理学者の木下富雄（一九三〇〜）、社会学者の間場寿一《あいばじゅいち》（一九三三〜）と共同研究を組み、一九六一年から六二年にかけて、宇治市の有権者を対象としたパネル調査が実施された。宇治市が選ばれたのは、六二年四月に府知事選挙、七月に参議院選挙、一一月に市長・市議選挙があり、各レベルの選挙間における有権者態度の変化をみる絶好の機会だからである。確率的に抽出された原サンプル六二〇人のうち、インタビューの全過程を完了した被調査者は、七〇％に達したという。結果は五年間の検討を経て、記念碑的な業績『異なるレベルの選挙における投票行動の研究』が刊行された。

同書は何本かの書評に恵まれたが、しかし当初から評判をよんだわけではない。学会で中間報告をした時には、調査結果の一般性に疑義がついた。一地域の些末な点にこだわっているという批判である（日本政治学会事務局一九六四）。しかし中長期的にみれば、三宅の研究のインパクトは漸増していった。

高く評された理由は何だろうか。たとえば技術面では、パネル調査の採用、京極に教示を得た数量化理論の駆使、電子計算機の利用など、いくつか特筆すべきことはある。だがそれ以上に、調査設計、理論形成、仮説検証型の論証にいたるまで、近代政治学とは異質なスタイルがあった。

端的に現れているのは理論の形成である。それまで選挙研究といえば、実態調査の名のもとに無理論的に行われるものか、京極や高畠に代表される集計データによる地盤研究が主流であった。後者の地盤研究は、かつては前近代的な村落の集票構造として、高度成長後は利益還流による支持基盤の培養として、保守支配の構造を明らかにする実践的関心に導かれていた。彼らは大枠として近代主義の理念のうちにいた。

しかし、三宅のアプローチは日本政治学の伝統から切れている。研究の模範はミシガン・グループだった。調査法ばかりでなく、概念枠組もミシガンから着想を得たものだ。政党支持の概念がそれである。

政党支持

三宅の著作で注目を引いたのは、政党支持という、一見あまりに自明な政治現象をめぐる謎である。日本における政党支持概念の歴史を調べた谷口将紀によれば、ミシガン学派のいう政党帰属意識を政党支持概念に接合した点に、三宅の特異性がある（谷口二〇一二）。政党支持はどうやら、私たちの思う以上に政治意識の中心にあるらしいのだ。

ミシガン・グループは学説史上、投票行動の決定因として心理学的要因を挙げたことで位置づけられている。それ以前は、有権者の社会的属性（社会経済的地位、宗教、居住地域など）が投票行動をよく説明するというコロンビア学派のモデルが知られ、日本でも先駆的調査がある（ラザースフェルドほか一九八七、吉村ほか一九五九、一九六二）。

これに対してミシガン学派は、政党帰属意識、候補者イメージ、争点態度といった心理学的要因をモデルに取り入れた。重視されたのは政党帰属意識（party identification）である。政党同一化とも訳されるように、集団への感情的な所属意識の一種とされ、一度形成されると、当該政党への好悪感情を醸成し、長期的に安定して投票行動を規定するという。社会的属性は、これらの心理学的変数に影響を与える変数群として配置し直されたわけである（三宅一九九〇）。彼らの全国調査の眼目は、このミシガン・モデルの有効性を示したことにあった。

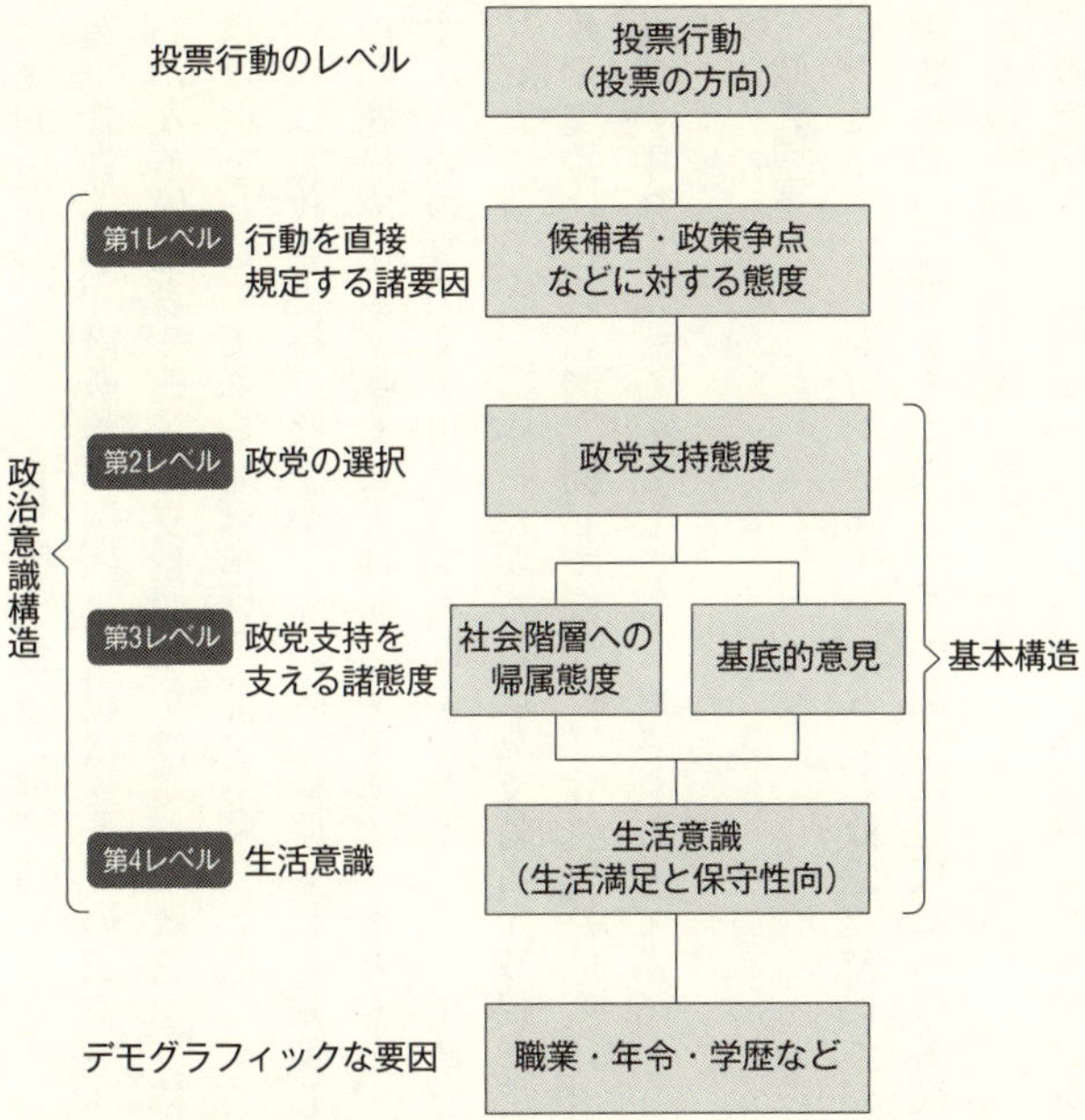

図3　感情構造の配置図

三宅らのモデルは、ミシガン・モデルの強い影響化にある。三宅らはまず政治意識を感情構造と認知構造にわけ、それぞれに周到なモデルを作っているが、中心になるのは感情構造である。どの政党に投票するか（投票の方向）を規定するのは、候補者・政策争点などに対する態度や政党支持態度であり、職業や年齢などの社会的属性はその下部から影響するものとして想定された。その上で、「政治意識の基本構造は「政党支持の方向」を中核とし、それによって規定される〝上部構造〟（政策に対する態度など）、政党支持の方向を支える〝下部構造〟（自前意識、階級帰属態度、労組帰属態度）の三レベルよる《ママ》なる」とされた。つまり、人がいかなる候補者や政策を支持するかは、どの政党を支持するかによって規定され、その逆ではないとしたのである（三宅ほか一九六五）。

ここで政党支持の概念が、先の政党帰属意識と類似した位置づけがなされ、ミシガン学派の問題構成を引き継ぐことは明らかである。もともと、戦後直後から「どの政党を支持しますか」式の質問文を用いる調査はあったが、そこで政党支持とは単に投票先として想定されていた（谷口二〇一二）。だが、自民党支持者が政局に応じて時に社会党へ投票するように、政党支持は投票意図と同じではない。政党支持態度は有権者の感情構造であって、かつ政治意識の中核をなすものとして捉え直されたのである。

政党国家

なぜ三宅はミシガン・モデル、ないし政党支持にこだわったのだろうか。少なくとも帰国後数年間の論考をみる限り、その関心は現代における代表制の変容にあったらしい。彼はこれを政党国家の問題と関係づけている。

政党国家とは何か。ドイツの国家学者ライプホルツを参照して、三宅はこう論じる。近代における利益の多元化と政党制の出現は、代表制民主主義の性格を変化させた。もはや古典的な議会民主政の理解、すなわち政党が政策を選挙民に示し、有権者がこれを選択するという、政策競争を中心とする考えは維持できない。政党は選挙民を統合すると同時に、分化する機能をもつ。政党国家の全政治構造への浸透は、選挙民の分極化を推し進めてしまう。有権者と政党は、政党帰属意識（政党同一化）によって心理的に結びつけられ、「政治的われわれ」集団、つまり安定した政党支持者集団が形成される（三宅一九六一a、一九六三）。政党帰属意識ないし政党支持は、政党による分極化の内的機制として理解されているのである。日本でも、歴代内閣の人的構成を計量的に調べた三宅は、政党国家化の傾向があると考えていた（三宅一九六四）。

行動科学を体現したような三宅が、ライプホルツに依拠していたことは、後年からみると意外かもしれない。もちろん尾形典男のように、国家論から投票行動研究へ関心が移行した例もないわけではない。三宅の場合には、ドイツの政治思想に造詣《ぞうけい》の深かった猪木の影響もあっただろう。

調査でも日本の政党国家化が現れているのだろうか。宇治調査によれば、日本での政党支持は米国ほどの強さや安定性はなく、選挙ごとの支持替えも珍しくない。その一方、自民党支持者の共産党への鞍替《くらが》えはほとんどないように、支持先の変更は一定の範囲――三宅のいう「政党支持の幅」——におさまり、その意味では安定してもいる。二大政党制である米国と比べると、日本は政党数が多く、政党支持の強さや幅は同じではないが、それでも機能的に近い政党支持者集団は形成されていることになる。

この安定した政党支持は、何によってもたらされるのか。三宅は「自前意識」と名づけた要因に着目する。「自前意識というのは、自分の仕事や職業が他から直接の支配を受けるのではなく一応独立して行ないうる、すなわち自前で仕事をしているか否かという意識である」という。自営業者や管理職がもつとされる。調査員たちは、個人タクシー運転手が「とにかくこれで痩せても枯れても一本立ちなんですから」、「もう総評や社会党の世話にならなくてもすむ」と語るのを聞いていた。「自前意識を持つものは自民党を支持する率が高く、非自前意識をもつものは、反対に社会党を中心とする革新系の党を支持する率が圧倒的に高い」ことを三宅は発見する。自前意識をもつ有権者は、自分の生活は自分で支えたいという意識から、保守党を支持するというのである。

日本の政党制は職業生活に根ざした感性に支えられているらしい。やがて三宅は政党国家という言葉を使わなくなり、政党の統合機能の衰退を論じるようになる（三宅一九八二）。その先にあるのは、増大する「政党支持なし」層の解明という新たな課題である（三宅一九八五a）。七六年のJABISS調査、八〇年の「エリートの平等観」調査、八三年のJES

調査など三宅が残した膨大な調査研究は、その後レヴァイアサン・グループや佐藤誠三郎らの実証研究の基礎として活かされていく。

SPSS（社会科学のための統計パッケージ）

話はここで終わらない。三宅にはさらに二つの目標があった（山川一九八五）。一つは社会科学のための分析ソフトの整備である。

六八年、市民意識の比較研究のワークショップに参加するため、再び渡米した三宅は、電子計算機の普及に直面する。研究の光景も変貌していた。

スタンフォード大学にいたとき、政治学専攻の大学院学生と話をする機会が多かったが、しばらくするうちに、電子計算機を多かれ少なかれ研究に利用していない学生が一人もいないということがわかった。（略）偏りすぎの感がしてならなかった。政治学の伝統的な課題のすべてが電子計算機によって片付けられるとは思えないと、彼らと議論したものである。（三宅一九七〇b）

計算機が浸透した背景には、使いやすさの向上がある。それまで、計算機センターを利用するには自前で演算プログラムを書かねばならず、能力と時間を要する上にエラーが多かった。ところがこのころ、スタンフォード大学では大型計算機の切りかえが終了し、新型機のためのソフトウェアの開発が急ピッチで進められていた。それが六八年に誕生し現在も存在する、社会科学のための統計パッケージSPSS(Statistical Package for the Social Sciences)である。

SPSSは、社会科学のデータ処理に特化した分析ソフトウェアであり、利用者は英語に近い言語で最小限の記述をするだけで、クロス表や大がかりな統計処理を得ることができる。既成の統計パッケージ(自然科学むけのBMDなど)の難点を改善し、社会科学むけに開発されたSPSSの能力を目の当たりにした三宅は「驚嘆するほかはなかった」という(三宅一九七二a、三宅編一九七三)。少なくとも日本の状況では、まだ電子計算機の普及を促すべきであり、分析ソフトの輸入は有用と思われた。

帰国後の六九年、三宅は研究班「社会科学における電子計算機の利用法」を組織し、日本の大学でも導入を図った。だが、計算機の機種が異なるため、ソフトウェアを書き換えなくてはならない。学内外の多数の協力者を募り、日本の計算機でも動くようパッケージの変換作業を進めた。膨大な労力が費やされた末、七一年にはBMD、七三年には数量化理論のプログラムを加えた日本版SPSSが完成した。パッケージは京都大学計算機センターに収められ、一般の利用に供されるようになった（三宅一九七〇c、三宅編一九七三）。

その後も、本家米国版のバージョンアップに伴って、日本版SPSSも更新が続けられた。九一年に日本政治学会が行ったアンケートによれば、データ作成・分析にコンピュータを利用すると回答した一六・七％の会員のうち、使用ソフトの第一位はSPSSだった（田口一九九二）。SPSSはデータ処理の定番ソフトとなり、社会科学に与えた影響は計り知れない。

データ・アーカイブ

もう一つはデータ・アーカイブ構想である。さまざまな機関で実施される調査のデータを収集し、利用できる仕組みをつくれないか。データの散逸をおそれ、七〇年頃に三宅はそう考えたという。

この話には前段がある。六二年、ミシガン大学では社会調査データの共有を目的として、同大学のウォーレン・ミラーの主導によりICPSR（当初の名称はICPR）が設立され、加盟大学にデータを提供していた（前田二〇〇二）。日本でも六〇年代に歴史文書のアーカイブ設立運動が活発化し（七一年に国立公文書館開館）、ついで社会調査資料についても七〇年に日本学術会議が「社会資料センター」の設置を国に勧告するなど、研究者間にアーカイブ設置の機運が高まっていた。三宅の考えはICPSRに触発されたものだが、当初は「最初からそのような大規模なアーカイブを目指すことは、全くの夢想でしかなかった」という（三宅一九八五a）。事実、構想は長年にわたり難航する。

三宅はまず科学研究費を得て、個人的なコレクション作りを始めた。各機関をまわりデータの公開を求めたものの、「答えはきまって「ノー」である」（三宅一九八三）。「データ保管の不備の現状と蒐集整理作業の大へんなことがよくわかり、開始半年にしてもうグロッキー気味」となってしまう（三宅一九七一）。それでも研究室にはカードが山と積まれた。何年も人知れず、磁気テープに変換する作業を続けた。

世論調査を手がける総理府広報室に赴いた時には、「個人の研究者には調査データを公開しない」といわれたが、米国のローパー・センターにデータを寄託しているとの回答を得る。同センターは世界最大の世論調査のアーカイブである。八三年から二年をかけて、同センターから日本関係のデータを買い戻したが、テープはずさんな状態で残されていた。バラバラのデータを復元するため、つじつまが合わないものは推理を働かせ、「まるで暗号の解読でした」。修復作業には五年を要した。「日本にもデータアーカイブができるとき、役立つと思うたんです」（三宅一九八五b、二〇〇一、『朝日新聞』二〇〇八年一二月一一日夕刊）。

ようやく九〇年に入り、三宅に協力的な政治学者の蒲島《かばしま》郁夫《いくお》（一九四七〜）が中心となって、レヴァイアサン・データバンクが設立された。寄託されたのはJABISS調査やJES調査のデータである。蒲島は、筑波大学の多目的統計データバンクでも、明るい選挙推進協会の調査データの保管に携わった。さらに、九八年には東京大学社会科学研究所にSSJデータ・アーカイブが設置され、三宅の集めた個票データが収められた。収集を始めてから約三〇年が経っていた。二〇二四年現在、同アーカイブには三宅の寄託した一五八件のデータセットが保管され、研究の利用に供されている。

蓄積への意志

三宅はある時、東京大学の教授に「そんなことばっかりやっていて、よく人文研においてもらえますね」といわれたという（三宅編一九七三）。アーカイブ整備にしても、「通常の研究とは異なり、不特定多数の研究者の実証研究のためのいわば基盤整備であり、研究者が好んで行うものではない」といわれていた（『レヴァイアサン』八号）。

三宅を駆りたてたのは何だったか。SPSSとデータ収集のプロジェクトを始めて間もないころ、三宅は世論調査データを並べて、現代史を書きたいと言ったことがある（三宅一九七一）。気の遠くなるような調査データの蓄積が必要になることは明白だ。だが、遺憾なことに「累積的発展を軽視する日本の政治学の学問的伝統」があると述べ、「「誰々の政治学」

というように、それぞれの業績が島宇宙をなして散在している」としていた(三宅一九七二b)。こうした状況認識によってこそ、彼の研究行動をよく理解できる。

三宅の研究行動には、蓄積への意志ともいうべき何かがある。歴史研究にも似て、短期的な有用性への断念がこれを支えている。脱行動論の潮流のなかでも、三宅は揺るがなかった。そして八〇年代を迎える頃には、彼に体現される研究規範は、狭義の投票行動論を超えて他領域にも波及していく。

第4章　新しい流れ——一九八〇年代の断絶と連続

1　レヴァイアサン・グループ

『レヴァイアサン』創刊

一九八六年一二月頃、ある会議が開かれた。参集したのは、行政学者の村松岐夫（一九四〇～）、政治学者の大嶽秀夫（一九四三～）、国際政治学者の猪口孝（一九四四～）である。いずれも世代が近く、日本政治研究で高く評価されていた三人は、この日、政治学の新たな専門誌を創刊すべく、雑誌名などの編集方針を打ち合わせたのである。

この新雑誌にかける意気込みは、並々ならぬものがあったらしい。提案者の村松は、その狙いについて、「アメリカ型の社会科学研究を行うアカデミック・コミュニティーに、この雑誌を通じて参加しようという意識があった」という。「これで政治学界と喧嘩になっても仕方ないと覚悟していた」とも語る。「もともと僕自身こういうのを出そうと思った直接のきっかけは、〔T・J・〕ペンペルさんらとの一党優位政党制の（学振とSSRCの共同）プロジェクトがあって、猪口、大嶽さん二人と僕が関係したわけですけども、アメリカから帰ってくる途中で」、「「やはり政治学は一つの雑誌を持たなければだめだ」と言って大嶽さんに相談したのです。彼はすぐに反応して、やろうということになりました」（村松ほか一九九八、村松二〇一四）。

ペンペルのプロジェクトとは、八一年九月からコーネル大学で開催されていた日本研究の共同会議「一党支配下における政党＝官僚関係」を指す（村松一九八二、Pempel ed. 1990）。村松はエリス・クラウス、ジョン・キャンベルら高名な日本研究者から刺激をうけ、日本の新しい政治学雑誌の必要を考えた。依然として内向的で、米国的な研究手法が遅々として浸透しない国内状況に対し、新鋭の集う学問フォーラムを提供しようというのだ。

本格的な創刊作業は、八五年に大嶽が西ドイツ留学を終えてから始まった。編集会議を毎月行っていたある時、村松はヨーロッパから帰国する飛行機で猪口と乗りあわせ、難航していた雑誌タイトルについて「レヴァイアサン」がいいと一致した。旧約聖書に出てくる怪獣であり、政治思想家トマス・ホッブズの著作名でもある。大嶽に電話したところ、「怪物をもじった政治学の古典の名前をつけるのは、前世代と違って国家の脅威を表だって議論することが少ない我々世代の政治学者らしくないタイトルだが、アイ・キャッチングだ」と大嶽も同意した（大嶽一九八八）。

こうして、八七年一〇月、年二回刊の政治学雑誌『レヴァイアサン』が木鐸社《ぼくたくしゃ》から創刊された。第一号の特集は「新保守主義の台頭」であった。発刊されるや衆目を集め、読売新聞（一〇月二九日夕刊）、日本経済新聞（一一月一日朝刊）に「新鮮で意欲的な試み」などと好意的にとりあげられた。小さな出版社の地味な学術誌が、ここまで話題をよぶことは日本政治学で例がない。

加わった学者たちは、いつしかレヴァイアサン・グループと呼ばれるようになる。学界全体を異様な熱気に包み、激しい論争を呼んだムーブメントの始まりである。

発刊趣意

レヴァイアサン・グループは、旧世代の政治学を「いわゆる戦後「近代政治学」」と呼び、自分たちとの断絶を強調した。「若い政治学徒たちの〝独立宣言〟」（前掲日経）とも評され、広く注目を浴びた『レヴァイアサン』発刊趣意」で彼らはこう書いている。

この数年、日本の政治学には新しい流れが生まれている。それは、政治史、政治思想史研究の陰に隠れていたかのような状態にあったほかならぬ日本政治の現状分析の目覚ましい台頭である。しかもそれが、主として初等教育段階から戦後教育を受けた世代の政治学者によって担われて登場してきたために、一種の世代交代的様相を呈している。

政治学の「新しい流れ」とは何か。彼らは六つの特徴を挙げる。

（一）歴史や思想史あるいは外国研究の片手間に、評論的、印象主義的に日本政治を扱うという従来のあり方を変えつつあること。（二）政治評論において、おそらく一種の実践的関心のゆえに、正されることなく繰り返されてきた通説的見解に大胆な批判を加え、政治的含意にとらわれない自由な解釈の呈示を可能にしたこと。（三）アメリカを中心とした現代政治学を本格的に受容し、方法的自覚にもとづく多様な分析手法が導入されたこと。（四）日本政治を特殊日本的枠組で解釈しようとする従来の一種の鎖国主義的、孤立主義的傾向から脱却して、普遍主義的な比較政治学への可能性を開いたこと。（五）外国の研究者との共同研究。（六）仮説呈示による活発な、人格的対立抜きの議論。

つまり、研究対象、問題意識、方法、モデル、研究行動と研究規範にいたるまで、従来のあり方が刷新されつつあるとしたのだ。旧世代への全面的な批判だった。

とはいえ、前章までからもわかる通り、ここには誇張がある。（一）の「評論的、印象主義的」という表現は、かつて京極がカール・ドイッチュから借用した「文芸的印象記述的な方法」——ドイッチュの *The Nerves of Government* では "literary forms of Thinking" ——という言い回しを踏襲し、反復したものである。(三) についても、米国の行動科学の受容は紆余曲折を経つつも戦後一貫したテーマであり、大きな留保が必要である。レヴァイアサン・グループの描出する、旧世代の近代政治学のイメージは、思い切った単純化がなされている。

それだけにいっそう、彼らが何を批判し、どのような政治学を目指すのかは誰の目にも明らかに映った。大嶽の回顧によれば、批判の念頭にあったのは京極の『日本の政治』だったという（大嶽二〇〇五）。だが多くの読者には、丸山を含む戦後政治学の全体に対する批判として映っただろう（渡部二〇一〇）。若手研究者の間には「これが時代の潮流《トレンド》」と感じる者が少なくなく、「ほとんど抗し難いような雰囲気」があったという（小林二〇〇一）。ある同世代の研究者は「厳しい挑戦を受けた」と感じとった（五十嵐二〇〇八）。年長世代には「この連中に対抗すべし」と警戒感が広がったという（御厨ほか二〇一七、大嶽二〇二一）。

政治学の「新しい流れ」は、実質的には七〇年代後半から形成されてきた。そこで本節では、『レヴァイアサン』創刊に至る約一〇年を辿ることにしよう。

大嶽秀夫

レヴァイアサン・グループの三人のうち、最初に話題作を世に問い、論争の口火を切ったのは大嶽秀夫である。六九年、大学紛争で荒れた東京大学で院生だった大嶽は、当時出始めた外国在住の学者による日本政治研究――J・A・A・ストックウィンの『日本社会党の中立外交』と福井治弘の『自由民主党と政策決定』――を読み、「日本政治を素材にこういうアカデミックな分析ができるんだ」とショックを受けたという（大嶽二〇一二）。さらに、ジャーナリズムでも日本の政策決定過程を書いた『自民党　保守権力の構造』という本が出て、「だったら学者にもやれるはずだ」と考えた（大嶽・河野二〇〇八）。米国で勉強したいと思い、三年間のシカゴ大留学を経て刊行したのが、一九七九年の『現代日本の政治権力経済権力』である。

大嶽は戦後政治学を次のように批判する。六〇年代の高度成長を経て、日本の企業は経済的自由をほぼ完全に獲得し、私企業が強い自律性をもつ多元的社会が出現した。日本政治における「自立した権力としての企業権力の濫用、政府による経済活動の統制の限界」などが問題となるが、戦後政治学は「村」の解体やその形をかえた存続にのみ目を奪われ、「権力機構としての大企業」のもつ「体制の基本単位」としての性格を見逃してきた、と（大嶽一九七九a、b）。この意味で大嶽の関心はマルクス主義に近いが、にもかかわらずマルクス主義とは対照的な方法をとる。

大嶽は、企業権力の関わる三事例――欠陥車問題、日米繊維交渉、新日鉄合併――をとりあげ、現代日本の政治体制のあり様を探究する。注目をひいたのは、米国の多元主義学派（後述）を引き継ぎ、影響力を分析枠組としたことである。

影響力とは、主体が他の主体の行為を変化させうることだが、一見自明にもみえるこの概念規定をもとに、大嶽は影響力のリソース、主体の自律性、制度的条件へと理論的考察を進めていく。そして、多元主義の批判者であるエリート主義の権力論、ネオ・マルクス主義の国家論を理論的に摂取して、企業が不都合な社会問題を政治化させない「非決定権力」や、影響力が介在しない官庁と財界の「機能的協力関係」などを抽出した（酒井二〇一六）。

浮かび上がるのは政治・経済エリートが分散的に自律し、対立と協調のなかで成立する多元主義体制だ。ミクロな概念装置による事例分析を通して、マクロな政治体制を展望に収める野心作だった。

その眼目は方法とデータ（「実証的手がかり」）の明晰さにある。大嶽の用いる素材は新聞・雑誌

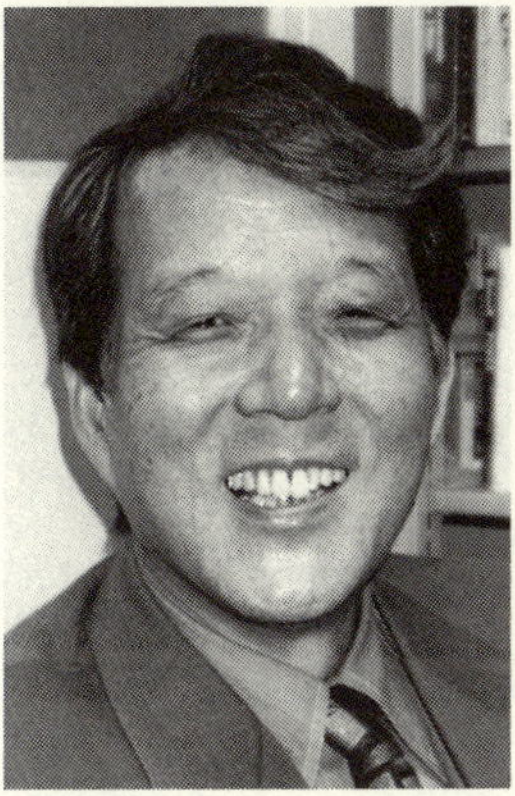
大嶽秀夫　写真提供：朝日新聞社

やインタビューであり、それまで行動論政治学を牽引してきた計量手法ではない。大嶽は自身の方法を「イシュー・アプローチ」とよぶ（大嶽一九九〇）。資料や聞取りを手がかりに特定の政策決定過程を再現し、明快な推論によって理論的解釈を与えるものだ。ある研究者は「これでショックを受けた」と言った（大嶽二〇二一）。選挙や政治意識の分野以外でも、方法的水準の高い現代日本政治分析が登場したのである（綿貫一九八〇）。

村松岐夫と猪口孝

大嶽に続くように、村松と猪口も、八〇年代半ばにかけて意欲的な日本政治研究を発表した。

村松は、それまで行政責任や都市行政などを論じてきたが、自分の書いたものがいいと思えなかったという。方向性に悩む折、三宅一郎に誘われた京都市政調査（七一〜七九年）への参加を機に、見よう見まねで社会調査を覚えた。その経験の上で書かれたのが一九八一年の『戦後日本の官僚制』である。

同書は、高級官僚二五二人の面接調査の成果である。焦点は政官関係、とりわけ行政官僚制の役割にある。従来の日本官僚制論は、辻清明の所説に代表されるように、戦後にも戦前型の官僚機構が温存され、政党を圧倒する権力をもっとしていた。そこで村松は「役割が行動を決める」とする役割理論に立ち、官僚が自身の政治的地位をどう認知しているかを調べることにした。「国の政策決定における権力者が誰であるか」、「経済成長の貢献者は誰であるか」などを直接尋ね、その回答の統計処理により、官僚の地位がはるかに低位であることを発見した。

村松は、これを政党優位論と表現する。自民党と官僚の統治者連合で、官僚集団の影響力は後退したという。従来の官僚優位論が戦前戦後連続論に立つとすれば、村松は断絶論、すなわち戦後の日本国憲法によって政党優位に変化したと解釈した。分析に用いられたのは限定的なデータであり、政党優位を十分論証したかは疑問の声もある。だが村松の論争的な文体ともあいまって、通説をぬりかえる迫力があった。

村松岐夫　写真提供：朝日新聞社

猪口の計量政治学への志向はより明瞭である。彼は学生時代に社会心理学者の池内一《はじめ》（一九二〇～七六）から新聞の内容分析と世論調査方法を教わり、京極純一とも近しかった。政治学には操作化しにくい概念が多いが、可能な限り数量的にデータを生成すべきだと猪口は考えた（猪口一九七六）。最初の研究は、政党機関紙を用いた中朝ソの国際関係の数量分析で（猪口一九七〇）、以降、従来あまり手をつけられなかったテーマにデータで切り込んでいく。

猪口の最初の日本政治論は、一九八三年に『現代日本政治経済の構図』として発表された。その焦点は政治経済連動モデルにある。「いかなる政府も経済諸力の方向性から自由な政治を行なうことはできない」との視角から、モデルの構築と実証をするものだ。

猪口孝

論点の一つは「政治的波乗り仮説」である。国政選挙の日付をみると、日本には「選挙経済循環」があると猪口はいう。憲法上、首相には衆議院の解散権があるため、政権党に好都合な時期で総選挙を行える。そこで猪口は、経済成長率、消費者物価指数が良い月に投開票が行われる傾向を示し、与党の有利とするために、経済指標が好調なときに選挙が戦われることを明らかにした。つまり、政府は経済を十分操作できないが、かわりに経済の波に乗って投票時期の決定を行うのである。

猪口の仮説は日本特殊論ではない。官僚制の自律性や経済の制御能力の条件如何《いかん》によって政治的波乗りが発生するとし、他国との比較検討が可能である。そもそも選挙経済循環論は海外で先行研究があり、これを日本で試みたのである（西澤・河野一九九〇）。彼は、ある社会現象をその社会独自の文脈の中でまるごと把握し、日本社会のみの観察で立証する志向を「個別主義」、「日本単一主義」と呼んで批判する（猪口一九八一）。比較の視点に立って、はじめて妥当な結論が出ると彼は考えた。これは三人の共通見解でもあった。

日本型多元主義

三者の専攻分野はそれぞれ異なり、方法的にも異質である。にもかかわらず、彼らの立場は近かった。多元主義による日本政治理解である。

大嶽は事例研究によって、多元主義的な政治経済体制の主張を導いた。村松は戦前の天皇制を中心とする一元的な政治体系と対比しつつ、戦後は一枚岩権力の支配はみられなくなり、七〇年代半ばには利益集団、官庁、政治家の間の競争・交渉・取引からなる安定した政策決定過程が形成されたとした。村松はこれを「パターン化された多元主義」と呼ぶ。猪口は「官僚的大衆包括型多元主義」という規定を提案する。政治経済体制での官僚主導の側面をより強調し、また、市民の私的利益を官僚制の中に代表させようとする傾向を指すという。

こうした多元主義論の台頭が、一種の流行のように見えたことは想像に難くない。事実、彼らに続くように、複数の学者が多元主義論を提起した。佐藤誠三郎と松崎哲久の「方向づけられた多元主義」（佐藤・松崎一九八四）、蒲島郁夫の「メディア多元主義」（Kabashima and

Broadbent 1986、蒲島一九九〇）、中邨章《なかむらあきら》の「分散型多元論」（中邨一九八四）、香山《こうやま》健一の「日本型多元主義政党」（香山一九八五）がそうだ。力点のおき方は各々異なるが、本家米国の多元主義とは異なるという含みがあった。同時多発的に噴出した一連の議論は、村松の用語にならって、やがて日本型多元主義論と呼ばれるようになる（石田一九九二）。

日本型多元主義には独特の新鮮さがあった。その実証的方法はもとより、五〇年代に隆盛した圧力団体研究とは異なり、政党・官僚・利益団体からなる「鉄の三角形」の力学を正面に据えた。日本政治の前近代性や、マルクス主義のいう資本主義の規定性を主たる論点としない点でも、それまでの伝統とは切れている。

一方でこのことも手伝って、現状を追認する保守的言論として読まれがちだった。「多元主義といった概念を用いることで、こうした日本政治の後進性から目をそらすことは、やはり日本政治の現状を容認させる機能を果たしている」という具合である（阿部一九八六）。当時、エズラ・ヴォーゲルの『ジャパン・アズ・ナンバーワン』（一九七九年）がベストセラーになり、日本的特質の優位性を説く議論が盛んだったことも、警戒を後押しした。

こうした読まれ方の傾向は、米国にもないではない。多元主義の代表的学者であるロバート・ダールは、地域権力構造の研究などを経て、米国が彼のいう「ポリアーキー」（政治体制の類型論の一つで現代民主政に相当）の段階にあるとして多元主義的デモクラシー論を展開した。だが、利益集団の影響力の強い政治が望ましいのか、強い異論が起こった。民主主義との関係をどう考えるかは、多元主義についてまわる理論的問題であり、日本でも論争が起こった。世にいう山口・大嶽論争である。

山口・大嶽論争

八五年一〇月四日は台風が日本列島に接近し、嵐を予感させる曇天だった。雑誌の企画に招かれた大嶽は、ドイツ政治史家の山口定と「戦後日本の保守政治」をテーマに対談した。事前の打合せでは、保守本流について議論する予定だったという。しかし実際には、当時の中曽根康弘内閣（一九八二〜八七）の評価を軸として、ほとんどあらゆる論点で意見が対立した。

山口は言う。いま戦後政治は曲がり角にあり、中曽根に危険を感じる「連続性」の認識にたつ人々がいる一方、自民党政治の多元化や政党優位を強調する「非連続性」の認識にたつ政治学者が現れている。後者には大嶽も挙げられている。これに対し、大嶽は開口一番に「私の現状認識とはちょっとズレがある気がします」と述べ、「私は中曽根が特にいま変わったことをやっているような気はしないのです」、「中曽根は非常にモダンなタイプの政治家だと思うのです」と反論する。

大嶽の強い反応に山口は当惑しつつも、防衛問題、保守本流、ナショナリズムなどに議論は移り、中曽根評価をめぐる対立が鮮明になっていく。対談後半では大嶽の多元主義論に応酬が及んだ。

山口　いわゆる多元主義という言葉を〔大嶽らの〕日本の政治学者が使うときに、それは支配体制、あるいは政策決定のシステムの中での多元化のことを呼ぶのがほとんどだと思います。（略）そういう場合にはポリクラシーと呼ぶべきだと思うのです。〔私は〕それが全社会的に成り立ったときにはじめて多元主義と呼ぶべきだという主張なのです。

山口によれば、ナチ体制や大政翼賛会ですら支配体制の中に多元性はあるのだから、多元主義と呼ぶべきなのは、基底社会が思想的に多元的である場合だけだという。大嶽の多元主義論のなかに、日本を成熟社会とみる含意を読み取ったのだろう。大嶽は反論する。

大嶽　問題は二つあると思うのです。一つは思想の次元、あるいは価値観のレベルの多元主義ということと権力構造の多元主義ということとはレベルが全然違います。

（略）もう一つは、政府と企業との関係において権力関係がすでに分散しているということです。（略）企業権力の問題とかいうのは分散化されたからといって、それがＯＫだと言っているわけではない（略）

議論はかみ合わないまま進んだ。どうやら、両者には基本的な発想の違いがあるらしい。山口は困惑ぎみに「最近は私はいろんな意味で世代の感覚の違いを感じることが多いのです」と述べ、そして「私たちの世代は、日本がナショナリズムの暴走で大変な破滅をまねいた、そういう事態の再来を防ぐにはどうしたら良いかという問題の立て方を、スタートのところでしていますから、その懸念が心の奥底に沈んでいるかどうかの違いなのですけれども」という発言で対談は締めくくられた。

ただ実をいえば、両者の立場は一見するほど隔たっているわけではない。比較政治学の先端的な理論であるネオ・コーポラティズム論を精力的にフォローし、猪口の編集する現代政治学叢書シリーズの一冊に『政治体制』を書いた山口は、むしろ若々しいセンスを備えていた（山口一九八九、加茂ほか二〇一五）。にもかかわらず、この論争は新旧世代の対立として読まれ、新潮流の出現を印象づけることになるのである。

丸山眞男批判

反響は思わぬ形で広がった。憲法学者の奥平《おくだいら》康弘（一九二九〜二〇一五）は、翌年の『世界』でこの論争をとりあげ、中曽根をモダンと捉える大嶽のような評価が現れたことは、「一種の危機的状況の反映なんじゃないかな」と述べた。さらに、朝日新聞のコラムが奥平発言を「知識人の中にも右寄り傾向が及んできたあらわれ」と紹介し、大嶽のもとには嫌がらせの匿名の葉書が届くようになった。

大嶽は困惑し、次のような反論を発表する。実証科学としての政治学では、中曽根内閣の政策効果を客観的に判定すべきである。研究者の政治的立場とは独立でなければならない。「政治学的分析と政治的主張とは内在的に対立をはらむもの」であり、「それは政治的なインテグリティ（節操）と学問的柔軟さとの間の原理的な対立の表現なのである」と。そして、「より詳しい議論については、戦後政治学批判として別の形で公表することをかなり以前から計画している」とした（大嶽一九八六）。

どうやら大嶽の批判は、先達たちへの批判と地続きのようだ。予告通り、大嶽は翌年から、戦後政治学の業績を再検討する「戦後政治と政治学」の連載を『UP』誌で開始。その第三回では、丸山の超国家分析をこう論じる。

丸山真男による天皇制ファシズム分析は、思想ないし心理という個人の次元を対象としている。そのため、分析そのものが（個人）道徳の問題と密接な関連をもつ。（略）実はこの道徳的色彩こそが丸山の著作の魅力であって、読者は軍国主義者への非難がまるで自分に向けられているようなショックを受けるのである。（大嶽一九八七）

丸山の分析の仕方は、学問と道徳が結びついているという。軍国支配者の矮小性、「ヒステリー的症状」の暴露といった論じ方が典型とされた。こうした心理分析のアプローチが、道徳的色彩を招く基礎となったと大嶽は論じる。経験科学の導入という意味をもつ丸山の心理分析に対し、経験科学の立場から批判を加えた格好だ。

このことは、事実認識と価値判断の峻別という方法上の問題を惹起する。既述のように丸山は、政治学者が「理念としての客観性と事実としての存在制約性」の間の緊張にたたねばならないと主張していた。大嶽はこの見解を、一方の課題設定のレベルでは研究者の問題関心を媒介とした社会的要請を、他方の具体的分析のレベルでは価値判断を排除した客観的態度を貫くべきであるという立場として整理する。これ自体は、大嶽の立場と大きく相違するものではない（大嶽一九七九b）。問題は次である。

丸山自身のファシズム分析には、この〔具体的分析の〕レベルにおいてすら極めて価値判断的な態度が認められる。（略）丸山は、その表向きの主張にも拘わらず、実際の分析にあたっては、この価値判断と科学的客観性の問題をかなり無造作に扱い、両者の間の「緊張」を自らは経験していないように見える。（大嶽一九八七）

言い換えれば、丸山においては「分析作業のなかで事実認識と価値判断とが分かち難く結ばれている」（大嶽一九九四）。こうした学問スタイルが一般化した状況下では、政治学的な仮説や分析への賛否が、あたかも政治的立場の賛否を伴い、人格的対立ぬきの論争が難しくなる。政治学の多元化が阻まれ、方法的発展の障害になってきたと大嶽は考えたのである。

ムーブメントの行方

さて、『レヴァイアサン』が発刊されたのはこの丸山批判の直後、というよりほぼ同時期にあたる。創刊準備は一連の騒動の渦中で進められていた。第一号に掲載され、八七年四月に収録されたという三人の座談会には、山口・大嶽論争を意識したとみられる発言が散見される。

大嶽　最近の実証的日本政治研究に対する先輩達の反応というのは、非常にディフェンシヴな感じがある。研究方法や関心の多元化に対して、政治学の多元化現象という風に考えないで、政治学の右傾化とか保守化とか、そういう風に考えるのは、僕は奇妙な感じがする。

論争を取り巻く状況から影響をうけているのは発刊趣意も同様である。「政治的含意にとらわれない自由な解釈の呈示」や「方法的自覚にもとづく多様な分析手法の導入」の力説や、戦後政治学を単純化して描写しなければならなかったことも、これらの論争へのレスポンスという側面を抜きには理解できない。

実際には、選挙研究や行政学、地域開発といった分野では実証研究が行われてきた。レヴァイアサン・グループもそれを知らなかったわけではない。村松と猪口は、京極や三宅に直接多くを負ってもいる。先達を名指しする彼らの論争スタイルは、知識の累積的発展を企図するという意味では、戦後政治学の拒絶というより、その批判的継承とすらいえる（酒井二〇一七）。

先行世代との断絶を強調する『レヴァイアサン』のマニフェストは、彼らなりの学術運動の一環としての性格が色濃い。ムーブメントの直接の始まりは同誌の創刊であるが、しかし実情はむしろ、七〇年代後半から生じた運動のピークとして八七年の創刊があったという方が近い。

その後もレヴァイアサン・グループの「科学性」への批判はいくつか現れるが、同誌には、専門性の高い日本政治研究が継続的に発表されることになる。約一〇年が経つ頃には、創刊当時について「政治学界の場でもイデオロギー的な対立が最後にもう一度燃え上がった時期」であり、「プロフェ《ママ》ショナル・スタンダードだけを基準にするプロフェ《ママ》ショナル・エシックスを確立すべきだという点を、今の時点でいえば少し力んで発言してる」と振り返るようにさえなる（村松ほか一九九八）。『レヴァイアサン』は学界の風景のなかに定着し、あの熱気を帯びたムーブメントは、後続たちの研究規範に溶け込んでいった。逆説的にも、その波及は年長世代の一部にも及ぶことになる。

2　佐藤誠三郎の自民党研究

科学者と知識人

レヴァイアサン・グループが喚起した問題の一つは、政治学者と社会のつきあい方（インターフェイス）だった。大嶽の「日本政治の将来より、日本の政治学の将来により強い関心をもっている」（大嶽一九八三）という発言が示すように、中曽根政治をめぐるイデオロギー対立が学界にも及ぶ中、プロフェッショナルとしての自律化を目指した。政治的な渦に引き込まれることは、学問的自律性を脅かすとの危惧があった。そのための行動規範が政治から距離をとることである。敗戦直後の流動的な状況下ならいざ知らず、高度成長を経た現代日本ではそれが可能かつ必要との判断があった。

ここには、学者がどのような社会的役割を担うべきか、その自己認識の変化がある。政治指導者や市民に直接語りかけ、啓蒙や教育を行う知識人としての役割は後退し、かわりに知識の発展に従事すべきことが強調された。科学者としての政治学者である。

だが、八〇年代の「新しい流れ」は、この新たなスタイルだけから生まれたわけではない。それればかりか、最大のインパクトをもった作品の一つは、実践に深くコミットする政治学者によって書かれた。佐藤誠三郎（一九三二〜九九）である。『レヴァイアサン』の座談会でも佐藤のことが話題にのぼった。

猪口　でもやっぱり、社会のインターフェースについては、日本では（他の国もそうだと思うんだけど）ほんとに難しいと思いますね。ジャーナリズムとの関わり、それから、政治の世界との関わり、それが運動派であっても政権派であっても……

大嶽　佐藤誠三郎さんなんか、一つの典型だけど、あそこまで入り込んじゃってやるという、まあそれは、逆のリスクがある。（猪口ほか一九八七）

佐藤誠三郎

佐藤は大平正芳《おおひらまさよし》・中曽根康弘両首相のブレーンとなった人物だ。過去、政党や政治家の助言者となった政治学者は何人もいる。近衛文麿の昭和研究会に集った蠟山政道や矢部貞治《やべていじ》、民社党ブレーンの猪木正道、佐藤栄作ブレーンの高坂正堯《こうさかまさたか》がよく知られる。知識人としての政治学者――その八〇年代の代表的存在が佐藤だった。

かつての知識人の提言や活動が「政治学者の床屋政談」とか「家内工業段階の政治学」（写楽斎一九八一）と評されたのに比べると、佐藤は科学者としての顔もあわせ持った。佐藤の共著『自民党政権』は、党運営や政治過程について数量分析を試みたものだ。その結論に同意するか否かにかかわらず、そのデータ分析は内外に衝撃を与え、現代の古典となったのである。

政治の喧騒に身をおきながら、冷徹な分析をおこなう社会科学書はなぜ可能だったのか。佐藤誠三郎の世界に分け入ってみたい。

マルクス体験と丸山体験

佐藤の社会科学への目覚めは、共産主義思想だった。旧制中学一年の時に疎開先で敗戦を迎え、家運は傾き生活環境が一変し、翌年には結核を患った。二年間の療養中、病床で読んだのがエンゲルスの『家族・国家・私有財産の起源』だ。佐藤少年は「何てきれいに人間の歴史を説明できるんだろう」、「因数分解をきれいにやったような感じ」と衝撃をうけ、マルクス主義理論の「数学的証明の美しさ」に魅了されたという。どうやら佐藤には社会科学に論理を読み込むセンスがあったらしい（以下、佐藤一九九六、一九九九a、御厨一九九二、袴田二〇一四）。

高校では数学に熱中する一方、マルクス主義史学の文献を読み進めた。遠山茂樹の『明治維新』、石母田正《いしもだしょう》の『歴史と民族の発見』に感動した佐藤は、遠山に深い尊敬を寄せ、明治維新研究を志す。日本共産党には高校三年生で入党。東京大学では文学部国史学科に進み、党員として活動した。

ただ、マルクス主義への傾倒は長く続かなかった。五六年、法学部の教官であった丸山眞男の発表した論文「「スターリン批判」の批判」が心を揺さぶった。丸山論文は、フルシチョフ報告後でさえマルクス主義者に持続する政治の認識方法——基底体制還元主義とその一連の思考様式――を徹底的に批判するものだった。佐藤は大きな「知的ショック」をうけ、丸山の既刊論文をすべて読み漁り、「敗北を認め」るに至ったのである。丸山体験を機に、佐藤は丸山に深い尊敬を寄せ、マルクス主義との決別を決意する。国史の大学院入試に落第し、「こんなばかなんか、相手にしてられるか」と、文学部を卒業と同時に、丸山のいる法学部に学士入学した（加藤ほか二〇二一、丸山ほか二〇二四）。

脱マルクスは平板な道ではなかった。佐藤たちの自主ゼミの様子について、後に歴史学者になる伊藤隆（一九三二～二〇二四）は語る。

私たちのグループは、佐藤、渡邊〔昭夫〕、私が中心でした。リーダーは佐藤君で、彼はいちばん弁が立って、才気があって、表で活躍する人、これに対して私は裏で作業をする人、いつのまにか役割分担ができていました。（略）みんな左翼から離脱した連中で、マルクス主義からいかに抜け出すかを考えていました。でも、まだ自分自身の拠《よ》って立つ理論、基盤がない。だからそれを議論し、模索していたのです。（伊藤二〇一五）

マルクスをくぐり抜けた先、どのような学問が可能なのか。マルクス主義史学への対抗意識の下、遠山の『明治維新』に取って代わるのが佐藤の夢だった。

明治史研究

佐藤の出発点は、政治史専攻である。七〇年代半ばにかけて精力的に明治史研究を発表していく。一九世紀中葉の日本をおそった「西洋の衝撃」への対応をめぐる、国内の政治的対立の特質、そして政治指導者たちの「血みどろな模索と努力」が主題だった（佐藤二〇〇九）。六七年の論文「幕藩体制の政治的特質」の冒頭は、日本近代化の例外的「成功」に焦点をあてると宣言し、「日本のこの例外的「成功」を可能にした国内的な基礎条件が、いかなるものであり、それらが幕藩体制と呼ばれている伝統的社会の下でいかに準備されたか」を分析すると述べた（佐藤一九六七）。近代日本批判を志向した主流派マルクス主義史学とは対立する視角である。論文は未完に終わり、私たちがその議論全体を読むことはできない。とはいえ、才気溢れる若い学徒の壮大なヴィジョンを印象づけるものとなった。

佐藤の考えでは、日本近代化の第一歩は「西洋の衝撃」への政治指導者の対応にある。「いわば自然史的な過程として近代化を進行させた「先進国」の場合とは異なり、「日本では」この冒険を先導すべき政治指導が、近代化の成否とその特質とにきわめて大きな意味をもたざるをえなかった」（佐藤一九六五a）。そして佐藤は、師の岡義武を思わせる政治指導者論の体裁をとりつつ、幕末維新における川路聖謨《としあきら》、大久保利通、岩倉具視に即して、危機の時代における政治指導の特質を論じるのである。

佐藤の研究は近代化論への接近を伴った。行動科学に方法的基礎をもち、六〇年の日米箱根会議で紹介された、あの近代化論である。マルクス主義者から帝国主義イデオロギーの産物として批判された近代化論は、かえって史的唯物論に対抗しうる理論に見えたのだろう（大江ほか一九六八）。明治維新から高度成長期までの壮大な近代化を見渡すことを目論んだ佐藤は、後年、社会科学者の公文俊平《くもんしゅんぺい》（一九三五〜）、経済学者の村上泰亮《やすすけ》（一九三一〜九三）とともに比較近代化論の大著『文明としてのイエ社会』（一九七九年）を書くこととなる。

こうした佐藤の議論を支えたのが、史料に基づく厳格な実証だったことは疑いない。佐藤のマルクス主義史学への批判はその硬直性、非実証性に向けられていた（佐藤ほか一九六三）。その一方、佐藤にとって「実証のための実証」は避けるべき態度だった。彼は徳川時代のある学派の歴史研究を評価して、議論が「精緻化」された一方、「緊張感は減衰し」、「状況追随的説明」、「歴史にたいする原理的考察はむしろ失われがち」と厳しい（佐藤一九六五b）。学術研究でも一種の現実感覚をもつべきであるという考えだ。

日本の「成功」、政治指導、近代化論、実証と現実感覚といった一連の視角は、一方では脱マルクスの表現だが、他方ではまだ見ぬ日本政治論の下地として機能することになる。

第二臨調

大学紛争の生起した七〇年前後、佐藤の歩みは大きな転換を迎える。自身の専攻分野について、六九年の段階では「日本政治史」と書いていたが、遅くとも七七年までには「日本政治論」と書くようになっていた（内田・衛藤一九六九、佐藤一九七七）。八年の間に何が起こったのか。それは政治への深い関与と発言である。

詳しい経緯は明らかでない。初期には自民党の三木武夫と関わったようだ。東大紛争下の六八年一一月、東大教養学部の助教授だった佐藤は、全共闘の問題提起を受けとめようと有志と大学問題の研究を始め、翌年二月に共同文書「東大改革私議」を発表していた（内田・衛藤一九六九）。その翌月、首相となる前の三木が大学政策の研究のため教育問題懇談会を組織したとき、同文書の起草者からは、佐藤を含む三人がメンバーに加わっていた（増田一九七五）。

七二年三月に米国の在外研究から帰国後、活動は本格化する。学生時代の友人の香山健一（一九三三～九七）や、公文俊平らの参加する政府系の研究会（PSR）に誘われ、同年六月以降、頻回に出席している（山崎二〇一七、志垣二〇一九）。三木内閣（七四～七六年）ではスト権ストをはじめ国内の諸問題で助言を求められた。七六年頃からは大平正芳宅に出入りし、やがて大平内閣（七八～八〇年）では香山、公文とともに政権ブレーンとなる。多数の学者が動員された大平の政策研究会で、佐藤は中心的役割を果たした一人だった（森田二〇一〇、福永二〇〇八）。七八年には自民党の党友に加入。並行して、日本近代化論や政治評論を書き始めた他、シンクタンクの政策構想フォーラムに所属し、政策提言の作成に関わっている（上西一九八五）。

活動の一つの頂点は第二臨調である。大平の急逝後、佐藤らは中曽根に引き抜かれた。八一年三月、鈴木善幸内閣の行政管理庁長官だった中曽根は、行財政改革の取り組みとして土光敏夫《どこうとしお》を会長とする第二臨調を総理府に設置し、佐藤はその参与に就任した。財政赤字の拡大をうけて「増税なき財政再建」を掲げた第二臨調は、行政機構改革に留まらず、予算編成にかかわる広範な事項を課題とし、国家の改革の様相を呈していた。

同年七月の第一次答申後、中曽根との対談企画で、佐藤は「財政が肥大化した大きな理由も、実は民主主義の意識の一般化にある」とし、圧力団体ないし大衆民主主義が財政肥大化の要因だと述べた。「明治維新や敗戦に匹敵するような大改革を平和裡《へいわり》にやろうというわけですからね」と臨調の意義を強調してみせた（中曽根・佐藤一九八一）。

佐藤の自民党政権への肩入れは深い。国鉄・電電公社・日本専売公社の分割民営化など、大胆な機構改革案を内容とする臨調答申に対しては、野党や知識人だけでなく関係省庁や自民党の中にも抵抗があった。佐藤は自民党の機関誌『月刊自由民主』で、これら与野党を超えた抵抗を「反行革不潔同盟」と呼び、反対の論陣を張った（佐藤一九八二）。中曽根内閣期、八三年に臨調の最終答申が出た後も、佐藤は行革審や臨教審などの諮問委員会に参画し、中曽根行革の助言者として立ち回ることとなる。御用学者、イデオローグと呼ばれたのも一度や二度ではない。

松崎哲久との共同研究

佐藤が自民党の共同研究に着手したのは、こうした政治の喧騒の中である。最終答申を出した一九八三年の暮れ、港区のある場所でのミーティングに少し早く到着した佐藤は、その席にいた自民党総合政策研究所の松崎哲久（一九五〇〜）と顔を合わせ、自民党長期政権の仕組みと機能について雑談を交わした。二人の関心と認識はよく似ていた。そして佐藤は、「先進民主主義国の中でも代表的な優越政党である自民党が、一党優位を確立して政権を掌握し続ける基本的事実を肯定的にとらえながら、数量的に、かつ実証的に検証する研究を共同執筆でやらないか」と松崎に提案したという（松崎二〇〇〇）。

なぜこのような提案をしたのか。佐藤によれば、「自民党政権についての既存の研究が、一部のすぐれた例外を除いて（その大部分は外国人研究者によるものである）、公開資料の収集・分析さえ不十分であり、また他の先進民主主義国の実態との比較が弱すぎるという研究の現状に対する不満」があった。おそらく村松たちと一緒に参加した、ペンペルの「一党優位制」国際比較プロジェクトに触発されたものだろう。佐藤は『自民党政権』の謝辞でこのプロジェクトの名前を挙げている。その意味では、レヴァイアサン・グループと共通のルーツをもつ。党から独立した学術プロジェクトとして遂行したのである。

このことも手伝って、佐藤たちの分析は、あたかも外国の学者による日本研究かのような趣がある。人間への洞察や教養には重きをおかず、論理と資料・データによる方法が徹底された。海外の日本研究を幅広く参照し、国際比較を重視した。ペンペル研究会に集った学者たちさながらだ。佐藤も携わった政府系会議の報告書や評論とは一線を画している。

だが、佐藤の立ち位置はあまりに研究対象に近かった。というより、むしろ自民党関係者としての利点を最大限活かした。日頃の政治家とのつきあいに加え、党本部職員である松崎が加わることで、自民党議員、党本部事務職員から有形無形の教示を受け、さらに党の非公開資料も目を通した。研究に先立って、佐藤と松崎は念のため党関係者の了解を求めたが、党側は「どうぞ思う存分自由にやってください」という態度だった（佐藤・香西・松崎一九八六）。分析に直接用いたのは公表または参照可能な資料に限ったが、研究対象の内部に入り込み、関係者と会話し、資料を得たことは研究上の優位となった。

党の制度化

『自民党政権』は八六年に発表された。四三の図表を載せ、後半部はもっぱら自民党政権の資料編とした。さながら信頼のおける資料集の体裁だ。

主たる着眼点は党の制度化にある。これまで自民党は派閥連合体にすぎないとか、近代的組織政党ではないといった見解が学界やジャーナリズムで流布していた。前近代的な親分子分関係が党組織や政治過程で支配的だという考え方だ。だが佐藤たちによれば、結党以来三〇年の間に自民党組織は大きく変わり、制度化が進行している。制度化が自民党長期政権をもたらし、また政権の長期化が党の制度化を促進したという。

まずは役職人事である。党や政府の要職配分は権力の配分に他ならず、民主主義の運営にとって選挙と並んで緊張を帯びる局面である。にもかかわらず役職人事は学術的関心の的になってこなかった。

佐藤たちは、一九五五年から八六年までの自民党議員一一八三名の全員について、前歴、選挙歴、政党所属歴、派閥所属歴、党・政府を通じた役職経歴等を調査し、データ化した。佐藤たちは「自民党政権の長期化が党組織に及ぼした効果は、まず議員のキャリア・パスの制度化であった」という。つまり「自民党の代議士が入閣するまでに経験する役職に、明瞭なパターン」がある。

当選一回はいわば見習い期間であり、当選二回で国会常任委員会の理事、政務次官、政務調査会の副部会長、三回で同部会長に起用される（略）。当選四回になると中堅として副幹事長、幹事長直属の局長など、党務執行の実質的責任を分掌する役職につく。（略）当選五回から、「入閣資格」が生じる。

この事実は何を意味するのか。佐藤たちは、「初入閣までは多少の差はあるもののなるべく平等に処遇し、それ以後は本人の能力・適性に応じてキャリア・パスを多様化させる」という人事慣行が自民党で築かれたものであり、これは官庁や大企業と軌を一にするという。自民党組織にも民間の企業のような年功序列がある。前近代性や親分子分関係とは異質な、自民党の姿を写すものだ。

人事でもう一つ重要なのは、派閥間の均衡である。これも議員の所属派閥、役職、派閥のサイズをかけあわせると、「初期の内閣は明白な主流派優遇人事をおこなっていたが、佐藤三選以降は、主流・反主流にかかわらず派閥の勢力比に近い配分が確立している」。さらに、単なる勢力比ではなく、各派閥に一ポストを配分する「派閥代表型」の方式、「満場一致型意思決定方式」がこれを補完している。つまり役職配分は、年功序列と派閥のバランス、そ

現職衆議院議員							現職参議院議員						
当選回数（同相当）	議員数 衆	両	大臣経験者数	(%)	有力議員数	(%)	当選回数（同相当）	議員数 参	両	大臣経験者数	(%)	有力議員数	(%)
⑱	1		1	100	1	100							
⑰													
⑯	3		3	100	3	100							
⑮	4		4	100	4	100							
⑭	6	1	7	100	6	85.7							
⑬	4		4	100	4	100							
⑫	6		6	100	5	83.3	6b	1		1	100	1	100
⑪	3	1	4	100	4	100	6a						
⑩	5		5	100	5	100	5b		1	1	100	0	
⑨	13	1	14	100	10	71.4	5a	1		1	100	0	
⑧	13	1	13	92.9	6	42.9	4b	6	2	6	75.0	0	
⑦	18	4	19	86.4	3	13.6	4a	4	1	5	100	0	
⑥	34		24	70.6	1	2.9	3b	9	1	7	70.0	0	
⑤	22	2	4	16.7	1	4.2	3a	12	1	8	61.5	0	
④	31	1	1	3.1	1	3.1	2b	21		3	14.3	0	
③	35	4	0		0		2a	22	4	0		0	
②	16		0		0		1b	24	1	0		0	
①	25		0		0		1a	28		0		0	
計	239	15	109	42.9	54	21.3	計	128	11	32	23.0	1	0.7
衆・参合計	393		141	35.9	55	14.0							

表2　当選回数別大臣経験者数　出典では、86年3月1日時点のものであることや、「両」が両院在職議員で、それぞれ参議院議員経験のある現職衆議院議員、衆議院議員経験のある現職参議院議員を示していることなどが注記してある。

して満場一致という矛盾する三つの原則を組み合わせた、複雑で精巧な人事慣行によっていることになる。この人事ルールは、結党から七〇年代後半にかけて徐々に形成されたものだという。

こうした慣行は関係者の一部では語られていた。だが実証は初めてである。政治分野の人事慣行はその後も継続的に探究され、テーマとして確立していくことになる（たとえば川人一九九六、笹部二〇一七）。

仕切られた多元主義

さらに佐藤たちは、政策がどう決まるかという政策決定の構造に検討を加える。国会に提出された法案や予算案は、所管の委員会に付託され、質疑と討論を経て採決され、最終的に本会議で決定される。だがよく知られるように、実際には国会審議より前に、議会で多数を占める自民党の内部で実質的な議論が交わされ、方針が決定されることが多い。そして党内では、派閥が政策を左右するといわれてきた。派閥連合体という自民党のイメージはここからも派生している。

しかし佐藤たちによれば、派閥は変化してきた。六〇年代後半以降、派閥よりも党の機関、とりわけ政務調査会が役割を増している。ここで、政党活動の二大焦点が政策と人事にあるとすれば、政策は政務調査会や族議員が主として担当し、派閥は人事の活動に特化するようになったという。このことを佐藤たちは、政務調査会における総会、部会、特別委員会などの開催回数の推移や、その構成員からデータ的に跡づけている。派閥にかわって前面に出てきたのが族議員だという。

族議員とは何か。一般的には政策分野に精通した議員を指し、この頃からジャーナリズムでも話題になり始めていた。たとえば田中派が「総合病院」と呼ばれたのは、各分野の族議員を多数抱えたためである。佐藤たちは、一定の基準を設けて族議員の全員をほぼ特定した。族議員は派閥を横断して存在し、省庁と日常的に接触しており、族議員の事前了承を得た法案だけが党の政務調査会に諮《はか》られるのである。学界では八七年に猪口孝らが『「族議員」の研究』を発表するが、佐藤たちはこれに先んじて族議員の役割を明らかにしたことになる。

こうした党のあり方は、民意への敏感な反応を可能としてきたという。自民党友好団体の設立数の推移や、党税制調査会への税制改正要望の団体数の推移がこれを示している。各種団体をとりこむ努力で長期政権は支えられていると佐藤たちはいう。

以上の検討を経て、佐藤たちは現代日本の政治体制を「仕切られた多元主義」と呼ぶ。

日本においては、与党政治家と官僚との役割が混合し、権力中枢は統合の度合が低く、利益団体と官庁および自民党との関係は安定性が高い、というのがわれわれのとりあえずの結論である。キャッチ・フレーズ風に表現すれば、七〇年代初頭までにほぼ完成した現代日本の政治システムは「自民＝官庁混合体によって枠づけられ、仕切られた多元主義」と要約できるであろう。

佐藤の考えでは、自民党自身が長期政権のなかで変化し、政策決定の仕組みを形成してきた。変化のなかで完成した自民党政権のシステムは、族議員が仕切られた政策分野で民意を吸収する役割を果たし、多元的な政治過程を制度化させてきたという。政策決定の構造の歴史的変化を視野に収める実証的な分析だった。

臨調政治

佐藤に対しては「自民党の負の側面の記述が弱い」という批判がある（飯尾一九九二）。分権的な自民党組織を肯定的に捉えるものとして、佐藤と香山健一が日本型多元主義の理論的指導者になったと論じるものもある（中北二〇一四）。確かに自民党の「成功」への佐藤の視点に、その傾向があることは否めない。だが、佐藤の考えはその先に進んでいた。先の引用文に続けてこう述べている。

しかしこの〔自民党の〕システムは、日本社会と国際環境との相互に連関した大きな変化により、現在重大な挑戦に直面しており、環境変化に的確に対応して自己変革を遂げるか、それとも従来の枠組みに固執して化石化の道をたどるかの岐路に立っている、とわれわれは考えている。

佐藤は党の制度化を克服すべき弱点とも考えていた。多元的な政策過程のもとで意思決定は断片化され、技術革新や国際化といった新事態への対応能力を弱めている。つまり、自民党政権のシステムはまさに完成した瞬間に、重大な挑戦に直面したのである。数年後の対談で佐藤は、「根回しなり当選回数なりのほうが意味があるような政治風土が、自民党の長期政権の下でできてしまった」と率直に危機感を表明している（佐藤・田中一九九一）。最大の関心は、いかに硬直化した自民党システムを克服するかにあった。

佐藤は政治指導者のリーダーシップの確立が鍵と考え、臨調政治にその突破口を見出していたらしい。審議会を通して国民に呼びかける中曽根の臨調政治は、しばしば議会軽視として批判を受けたが、実はこの頃、第二臨調を従来とは異なる政治体制の一種とする解釈が政治学者から相次いで発表されていた。それがネオ・コーポラティズム論である（篠原一九八

三、一九八四、一九八六、山口一九八九、大嶽一九九二)。ネオ・コーポラティズムとは、政府と労使団体の三者協調を軸とする政治体制であり、多元主義とは対照的なモデルだ。佐藤自身は第二臨調をネオ・コーポラティズムと考えていたわけではないが、従来的な多元主義を超えるものと捉えていた点では共通項がある。

多元主義は国民の利益をうまく吸収する仕組みだったが、利益集団の拡大におされ行財政を肥大化させる大衆民主主義の弊害が避けられない。そう考える佐藤にとって、今後の日本が目指すべきは、政治指導者が専門家の意見を吸収し、強力なリーダーシップで大衆民主主義の暴走を抑制することだ。佐藤の考える「唯一健全な民主主義」とは、民主政と貴族的精神の融合、すなわち「指導者民主主義」だったからである(佐藤一九八六、一九九一、中曽根ほか一九九二)。総裁選の予備選挙導入を評価したのもその現れだ(佐藤・飯島・千田・香山一九七九)。佐藤は単純な日本型多元主義者とはいえない。『自民党政権』は過去の成功を分析すると同時に、佐藤が第二臨調に深くコミットし、何と戦っていたのかを描き出す著書であった。

政治学は科学か

『自民党政権』はきわめて高い評価をうけた。国外を含めれば、長期的な被引用数の多さは丸山の著書に次いでいる。八〇年代は佐藤の学問的、政治的成功の黄金期だった。かのように見えた。

八七年、東京大学でいわゆる中沢事件が勃発する。宗教学者の中沢新一（一九五〇〜）を新任教官とする人選案をめぐり、激しい学内対立が教官の辞任劇に発展したものだ。職場にくすぶる「反佐藤」の空気、佐藤の「political style」（政治姿勢）への反発に火がつき、一挙に燃えあがった事件でもあった。「恒常的に権力と結びつ」き、権力の「提灯持ち」だという批判が、公然とあるいは匿名で佐藤に投げかけられたという（西部一九九八）。

さらに八八年、リクルート事件が発覚する。公文俊平を含む多くの政府関係者がリクルートコスモス社の非公開株を受け取っていたことが判明し、佐藤自身の関わった臨教審や中曽根にも疑惑が波及した。以後しばらく、佐藤は火消しともとれる発言を繰り返す（佐藤一九八九）。金権政治と相次ぐ汚職をうけ、世論は抜本的な改革を求める声へとシフトしていく。時代が平成の政治改革へと突入するなか、佐藤、香山ら旧ブレーンたちの求心力は急激に低下していった（中北二〇一四）。

九二年には東大を辞職し、佐藤は学問と政治の表舞台から次第に後退していった。晩年は政策研究大学院大学で教育に尽力するも、九九年に六七歳の若さで世を去った。

佐藤の研究規範は、一貫して政治とのインターフェイスを恐れず行動するものだった。中沢事件で辞職した西部《にしべ》邁《すすむ》との対談ではこう述べている。

人間とその社会に対する深い関心とコミットメントなしに社会科学を生き生きと研究することは不可能だと私は確信しています。ところが、私が「現実社会にコミットしてない社会科学者というのは形容矛盾だ」と言ったら、ある政治学者が「自分はそうは思わない。自分は学問にコミットしている」と応えた。政治学のための政治学など私には想像もできない。（佐藤・西部一九九〇）

佐藤にとって、政治学はどこか科学になりきらない学問だったらしい。この翌年の米国で、データや仮説検証で科学的な政治分析をしようとする若い大学院生の河野勝（一九六二〜）と会ったときは、佐藤は間髪入れずに「政治学は科学ですか」と反駁し議論している（河野二〇一八）。人間社会を対象とする学問は、「自然科学（より正確には「仮説‐検証」型の学問）と同じ意味での科学ではありえない」というのが佐藤の変わらない信念だった（佐藤一九九九b）。丸山の「科学としての政治学」にも通底するこの考え方には、丸山体験の残滓《ざんし》を読み取ることも可能だ。

こうした知識人としての役割を強く意識した研究行動は、当時の「新しい流れ」にあっては、やはり旧世代的だっただろう。だが最新鋭のメソッドが接合され、独特の研究成果を生んだ。彼の学問の強さと弱さもそこにある。

人は去っても本は残る。『自民党政権』のデータ分析は後続を刺激し、逆説的にも、仮説検証型スタイルの発展に貢献した。佐藤自身は政治科学に否定的だったが、彼の業績は政治科学の古典として、結果的に「政治学の科学化」の模範例の役割を担うのである。

第5章　制度の改革――平成の時代へ

1　政治改革の模索

端緒

一九八八年六月一八日、川崎市助役がリクルートコスモス社の未公開株三万株を譲り受けていたことが、新聞で大きく報道された。当初、地方自治体の小さな汚職にもみえたこの事件は、続いて竹下登首相を含む政権幹部ら多数の関係者についても、リクルート社からの巨額の資金提供が順次明るみに出た。政治資金をめぐる腐敗が政界、財界、官界を揺るがした。報道が過熱する中、一一月一七日、自民党最高顧問会議では「政治不信が相当厳しくなっている。選挙制度、政治資金、政治倫理などの政治改革をしなければならないのではないか」との声があがり、翌月、自民党総務会は党の政治改革委員会の設置を決めた。翌八九年一月、年頭会見で竹下首相は「今年を「政治改革元年」とする決意」と述べた（田中一九九七、佐々木編一九九九）。

政治改革の時代が始まる。竹下・宇野宗佑・海部俊樹《かいふとしき》・宮澤喜一の四内閣が倒れ、自民党の下野により細川（護熙《もりひろ》）連立内閣（一九九三〜九四年）が成立する。「この夏の政変は、目をみはるばかりであった。自民党政権が崩壊して、三〇何年ぶりに溜飲が下がった」と升味準之輔は書いた（升味一九九三）。引き金となったのが、選挙制度と政治資金をめぐる政治改革である。

九四年の小選挙区比例代表並立制の成立まで、多くの政治学者がその論議に関わったことはよく知られる。第一は政府系の会議体だ。第八次選挙制度審議会が典型で、国の一組織として法的な設置根拠をもち、総理大臣からの諮問を受け、答申の提出を役割とする。公式の審議会であり、答申の持つ意味は重い。

第二は論壇である。中選挙区制を擁護した佐藤誠三郎や内田満（一九三〇〜二〇〇七）、小選挙区制批判の代表格だった記者の石川真澄（一九三三〜二〇〇四）、包括的な政治改革論が注目された山口二郎（一九五八〜）など種々の立場から論説が出た。

そして第三が財界を母体として提言を行う団体だ。九二年に発足した民間政治臨調がその代表である。民間ながら臨調を標榜するこの組織は、財界人や学者の有志団体にもかかわらず、民間各界と国会議員を超党派で結びつけ、改革案を提言した。政治改革を推進する一大勢力となった。

表舞台にたった学者たちは、政治家にブレーンとして近づいたのではなかった。それは政治との新たな関わり方の模索だった。本節では二人の研究者を中心に、改革のなかの政治学者の動きをたどる。

佐々木毅——政党政治の原則

中選挙区制をめぐる論議の歴史は長い。四七年に衆議院選挙に導入された中選挙区制は、一選挙区から複数の当選者を出す制度だが、自民党は五五年の結党当時からこれを問題視してきた。早くも五六年、自民党機関誌は、中選挙区制は同じ党派の候補者の同士討ちが避けられないとし、「かかる選挙は、主義も政策もない個人本位の争いである。情実因縁、サービス、利害誘導等々の酷い戦いとなる」と書く。派閥の争いを解消し、党の「近代化」を図るための小選挙区制の導入が、たびたび俎上《そじょう》にあがった。

七〇年代以降になると、自民党のブレーンであった政治学者の吉村正が、選挙制度改革による党近代化を批判した。田中角栄内閣期には再び小選挙区制の導入が試みられたが、やがて香山健一らの日本型多元主義政党論が党内の主流となり、選挙制度の論議は下火になっていた（中北二〇一四、草薙二〇二四）。

だが、財界は中選挙区制に不満をもっていた。八四年、財界を母体とした社会経済国民会議が、衆議院選挙の中選挙区制の廃止を提言した。中選挙区制は、後援会中心の個人本位の選挙運動を招き、金権腐敗の温床になるという理由だ（社会経済国民会議一九八四）。ただ、提言作成には何人かの政治学者が関わったが、広く注目を集めたとは思われない。

政治改革をめぐり、学者の「顔」ともいうべき存在となったのが佐々木毅《たけし》（一九四二〜）だ。佐々木は西洋政治思想史の専攻だが、八〇年代から現代政治に発言を始め、辻清明が「公共の精神の再生」と評した著書『いま政治になにが可能か』（一九八七年）が話題となっていた。

同書はリクルート事件前に書かれたにもかかわらず、既に政治改革につながる内容をもつ。佐藤・松崎『自民党政権』を引用し、自民党が地元・業界の面倒に専念する姿を描く同書は、実は現状認識としては佐藤誠三郎と近い。佐藤と同じく、旧来の「地元民主主義」による財政拡大が限界に達しており、この対応策として第二臨調が登場したと捉える。

だが、多元主義への評価は、佐藤より明らかに低い。「この多元主義なるものが政権交替を前提としないものである点を付け加えなければなるまい。（略）重要なのは競争の存在よりも、それらの競争がどれだけ意味のあるものであるかである」（佐々木一九八九a）。多元主義は、本来の「政治的意味空間」を喪失させたというのだ。佐々木が「卑俗な利益政治と無性格な多元主義」と呼ぶ所以である（佐々木一九八七b）。

従って、改革の方向性では佐藤と袂《たもと》を分かつ。佐々木によれば、世論と直結する臨調政治は政党と国会をバイパスし、政党は脱政治化し、政党政治の原則を放棄してしまった。「政治的意味空間」の回復には、政権交代のある政治を確立すべきなのだ。佐藤が自民党改革を目指したとすれば、佐々木は政党間競争の活性化を目指したことになる。

それゆえ、政治改革の臨調を作ることに佐々木は否定的だ。同じ頃、社会経済国民会議の亀井正夫が、国会議決に基づく「政治臨調」の設置を主張していた（亀井一九八八、中北二〇一四、野口二〇二三）。佐々木は言う。「一部には、政治改革を検討する第三者機関として政治臨調を作るような意見もあるが、こうした形でやるとまた政治家自身が自分で責任とケジメをつけることを忘れ、いわば政治家を過保護にするくせを温存する恐れ」がある（佐々木一九八九b）。臨調は「政党政治の責任のがれ」だからだ（佐々木一九九一）。

佐々木毅

佐々木の提案は、衆議院への比例代表制の導入である。この主張は早くも八四年に提示された（佐々木一九八四）。比例代表制は「政策を中心にした政党の自己確立」を促し、地元のしがらみから解放する。政党政治の理念に忠実に、政党単位の政策競争、政権交代の重視がアイデアの中心にあった。

「私の議論の立て方は、どの政党寄りかといった類いの、従来の五五年体制下の論壇傾向とズレていました」（佐々木二〇一八）。新時代の論客の登場を予感させた。

堀江湛――希少の専門家

政府でも本格的な論議が始まった。八九年一月、首相の私的諮問機関として政治改革に関する有識者会議が発足した。メンバーは亀井や京極純一ら一二人である。京極は第六次・第七次選挙制度審議会（六九〜七二年）で委員の実績があった（芦部・京極一九八〇）。四月に提出された有識者会議の「提言」は、中長期的事項として「金のかからない政策中心の選挙の実現」を挙げ、課題は選挙改革にあることを改めて明記した。

ついで六月、第八次選挙制度審議会が発足する。八次審への首相の諮問文は「選挙制度及び政治資金制度の根本的改革のための方策を具体的に示されたい」であった。

なぜ政治改革は選挙制度に収斂《しゅうれん》したのだろうか。後藤田正晴ら自民党議員の戦略を指摘する見方もあるが、アイデアとしては八〇年代初頭から流通していた。前述の社会経済国民会議の提言の他、八二年の参議院における比例代表制導入も政党本位の選挙運動を促す趣旨である。「政治とカネ」を個々の政治家の倫理ではなく、政治行動を制約する制度的条件の問題として扱う状況は整っていた。

八次審委員には佐々木や亀井もいたが、キーマンの一人は政治学者の堀江湛だ。先行研究で堀江への注目度は実は高くない。確かに佐々木の華やかな活動と比べて、堀江は地味で地道だった。だが改革案をとりまとめるのは堀江なのだ。

堀江湛　写真提供：朝日新聞社

堀江は数少ない選挙制度の専門家だが、研究歴は投票行動から始まる。学生時代、蠟山調査にも加わった中村菊男の指導をうけ、三重県鳥羽市で選挙調査を幾年も行った。「質問紙調査の回答票を積み上げて、JRの切符を切るようにパンチカードに穴をあけ、毛糸の編み針のようなソータで手集計した」という（中村・堀江一九五八a、b、堀江一九九一）。成果を積み重ね、やがて選挙制度の政府系会議に広く関わり、七五年と八三年には国会に参考人として呼ばれた。先の社会経済国民会議の提言にも関与している。後年の回顧によれば、「私が学者として片時も忘れることがなかったことというのは（略）政治学の研究者が得た知識を、どのように政策に反映させていくか」だったという(堀江一九九九)。

問題は、有権者や選挙運動の実際を踏まえ、今後の選挙制度の目的と機能をどう捉えるかである。選挙の方式によって結果が著しく異なることを、堀江はかねて強調していた(堀江一九八〇)。八次審の討論は腐敗防止策をはるかに超え、代議制民主主義のあり方を問うものに発展していく。

第八次選挙制度審議会①制度の思想

八次審は二つの委員会に分かれた。堀江は選挙制度を審議する第一委員会委員長を務め、意見の集約にあたった。委員間の意見の幅は広かった。「現行中選挙区制は、案外日本型の非常にうまい知恵である」、多様な民意を反映する「比例代表制を導入すべきである」、「政権の安定からいえば小選挙区制が最もよい」といった具合である。中選挙区制の弊害は多くの委員が指摘し、一〇月には廃止で全員一致をみたが、代替案は甲論乙駁《こうろんおつばく》となった。

選挙制度論議には幾つもの観点が重なる。一つは制度の思想、代表観だ。堀江の解説によればこうである。小選挙区制は各選挙区から一人選ぶ方式で、地域代表の性格が強い。候補者は多様な民意を集約しなければ当選できず、政党の包括化が進む。また、わずかな得票率の変動が議席数の大きな差となり、政権が安定する反面、いわゆる死票が多いといわれる。

大政党に有利であり、野党の反対は強い。

他方の比例代表制は、政党の得票比率に応じて議席を配分する。有権者の政党支持の分布を「鏡のように」議会構成に反映させるのが目的だ。小党が分立しやすく、内閣は政党間の連立交渉によって作られがちで、選挙によって国民が政権政党を決定する契機が阻害されるとの批判も強い。こちらは小政党が有利となる。

以上の解説の通り、堀江による小選挙区の特徴づけは、政権の安定性であって政権交代の起こりやすさではない。彼の懸念は、西ドイツのように、中道の第三政党が連立のキャスティングボートを握る政治の不安定性に向けられた。政権交代派は亀井や佐々木だった。

政権安定と政権交代。民意の集約という点で、表裏一体の概念ではある。しかし小選挙区制の正当化の根拠として異なるばかりか、もたらす政治イメージは相当異質である。それは結局のところ、議会制民主主義の選挙を、適正な代表者による政権の構成とみるか、政党間の競争とみるかの違いである。

佐々木は従来、比例代表制を提案していたが、「私がそれとなく気になっていたのがマックス・ウェーバーでした。彼は（略）小選挙区制に、ある種の政治の強さを見ている」（佐々木二〇一八）。次第に佐々木の政権交代の理念は、小選挙区制に結びついていったようにみえる。事実、八次審の小選挙区評価は、政権の安定性よりは、政権交代が政治に緊張感をもたらすことの有用性に傾斜していくのである。

それでも合意形成は遠かった。注目されたのが、過去の選挙審でも俎上にあがった併用制と並立制だ。いずれも小選挙区制と比例代表制の組合せである。併用制は、政党別当選者数は比例票を反映し、当選人は小選挙区上位者を充てるもので、西ドイツ方式と呼ばれる。並立制は、議席を小選挙区と比例代表に分割する方式である。この二案について、堀江はかねて「将来、衆議院の選挙区制の改革が具体的日程にあがった場合、そのたたき台のひとつとなる」と考えていた（堀江一九八五）。

八次審でも幾度かの討論を経て、「委員の意見の大勢は、小選挙区制と比例代表制とを組み合わせる方式でありました」（衆議院 公職選挙法改正に関する調査特別委員会 一九九〇年四月一八日）。討論は次の段階に入る。

第八次選挙制度審議会②現実政治への影響

答申案を得るには、さらに別の観点が必要だった。改革が現有議席の配分をどう変えるかという観点である。そもそも、人為的に議席配分に影響をおよぼすことは、制度改革として望ましいのか。

この問題は、党派的中立を基本とする審議会としてはネックである。佐々木が松崎哲久に語ったように、「答申はある政党にとっては得で別の党には損だというような議論をしている限りは、ちょっと実現は難しい」（佐々木・松崎一九九〇）。審議会としては党利党略を超え、大局的見解の提示を役割とするからだ。

他方、堀江の考えでは、「制度をいじるからにはそれによって選挙結果にどのような変化が生ずるか」を検討しなければならない（堀江一九八〇）。八三年、国会で参考人として呼ばれた堀江は、「選挙制度を改変する場合には、従来の議席数と著しく変動を生じないようにするという配慮が必要ではなかろうか」と述べていた。現実問題として、与野党が合意するには現有議席を大幅に変えるわけにはいかない。

実は、八次審の発足間もない八九年七月、堀江は「選挙制度改革のシミュレーション」と題する論説を発表していた。八六年選挙の参院比例区の各党得票率をもとに、併用制と並立制の議席予測を行うものだ。対象は東北六県と大阪府である。これによれば、比例代表制を都道府県単位で行う限り、併用制と並立制のいずれも、自民党が現状より圧倒的に議席増となる。その一方、比例区を全国九ないし一〇ブロックの並立制とすると、「ほぼ現行どおりの議席配分」になるという。堀江は並立制で「小選挙区と比例代表の比を五対五にすれば、理論的にも許容できる現実的な改革案となる」と結論づける（堀江一九八九）。

制度改正をはさむ選挙予測は難しい。そもそも中選挙区制下での得票を新制度にあてはめることに難がある。それでも手持ちの限られた研究資源をもとに、中選挙区を廃止し、かつ現行の議席分布を概《おおむ》ね維持するには、並立制が適していることを示すものだった。

委員会では堀江論文を含め、多くの研究文献やその抜粋が配布された。併用制支持の意見は残り続けたが「大勢が並立型ならば、従う」などの考えが示され、堀江は「併用型という有力な議論もあったが、大勢は並立型の考え方だと思う。並立型を委員会としての結論としたい」と述べ、委員会は次の結論に至った。

並立制につきましては、異質なものを無原則に組み合わせたものであるとの意見もありましたが、得票率のわずかな変化で議席数が大きく変わるという小選挙区制の特性を比例代表制によって緩和しようとするものであるとの意見、民意を敏感に反映し、政権交代による緊張をもたらす小選挙区制を基本として、少数勢力も議席を確保し得る比例代表制を組み合わせる並立制が適当であるとの意見など、並立制を支持する意見が多く述べられました。こうした論議の結果、本委員会としては並立制が適当であると認めたわけであります。

（衆議院 公職選挙法改正に関する調査特別委員会 一九九〇年四月一八日）

九〇年四月、八次審は並立制を答申した。小選挙区分と比例代表分の議席配分は、堀江は当初五対五を推していたが、委員会で賛否は二分し、堀江が「委員会としては六対四で集約したい」とまとめた。

答申の後、堀江は新聞や雑誌で解説記事をいくつも書き、「制度改革によって既存政党の勢力配置を一挙に変えてしまうなどということは好ましくない」と繰り返し強調した（堀江一九九〇）。妥協と見えた面もあろうが、堀江なりの政策提言の倫理があったことは疑いない。

異論

続く九一年六月、八次審は小選挙区の区割りに入った。委員はホテルに集められ、資料がマスコミに漏れるのを事務局が恐れたためか、スライドで三〇〇選挙区を北から逐次映写し、線引きを検討した（宇治一九九四）。深夜、疲労困憊《こんぱい》で作業を終えると年配の委員は感極まって涙を流して握手し、肩を抱き合ったという（佐々木二〇二二）。答申を首相に手交し、八次審は任期満了により解散した。

学者の役割はひとまず終わったはずだった。あとは国会での審議を待つのみという楽観もあった（堀江・河野一九九一）。だがここからが難産だった。

最初の答申で既にその兆しはあった。九〇年四月、堀江は衆議院公選特委で八次審の審議結果を説明したところ、社会党議員から「初めに結論が出ていたような感じがしてならない」と指摘される。自民党の政治改革大綱に類似しているというのだ。大綱は前年五月に発表され、「小選挙区制の導入を基本とし」「比例代表制を加味することも検討する」としていた。同議員は政治学者の高畠通敏の意見として、次のように紹介する。「結局、与党が審議会の〃お墨付き〃を欲しがり、審議会は政治的に利用されたということになる」。同種の意見は他の野党議員からも相次ぎ、堀江は説明に追われた。

学界での異論も強かった。たとえば日本選挙学会をみよう。八一年に選挙の専門学会として世界で初めて設立されたこの学会は、もともと、初代理事長に就いた富田信男（一九二九〜二〇〇七）が新聞インタビューで答えたように「現実の選挙制度をめぐる問題について、学会として提言をしたり行動を起こすようなことは考えていない」。しかし、政治不信の高まりを受け、「我々は成果の一端を世に問うべきである」（富田）と考え、八九年から年一回のシンポジウムを開催してきた（日本選挙学会編一九八九）。

九一年五月のシンポジウム「政治改革と選挙制度」では、八次審委員で政治学者の内田健三（一九二二〜二〇一〇）らが登壇し、並立制の意義を論じたところ、疑問の声があがった。「二大政党による政権交代などは幻想にすぎない」、「小選挙区制が導入されると、小政党は不利になる」。討論者として登壇した富田も「その国の政治風土に合えば、私は小選挙区制

	小選挙区制	比例代表制	並立制	併用制	その他・NA
日本選挙学会（1989～90）	10%	25%	11%	22%	32%
日本政治学会（1990）	20%	26%	17%	34%	2%

表3　学会員アンケート「望ましい選挙制度」

でもいいし、比例代表制でもいいというふうに思いますが、しかしこの全く違った制度を並べるのはいかがなものだろうか」と並立制を批判した。

異質なものの無原則な結合という批判は根強い。対する内田は八次審に触れ、「途中ではいろんな少数論もあったんですけれども、とにかくみんながやってもらわなくちゃ困るんだからということで、妥協して案を出した」と述べるに留めた（日本選挙学会編一九九二）。

政治学者の間で並立制の評価は高くなかった。八九年から九〇年にかけて行われた日本選挙学会と日本選挙学会の会員アンケートでは、「望ましい選挙制度」として比例代表制または併用制が第一位となり、並立制は大きく水を開けられた（日本選挙学会編一九九〇、社会経済国民会議一九九〇）。『日本選挙制度史』を書いた杣正夫は、答申は自民党に有利であり、「現時点では、今の中選挙区制が良いと思っている」と新聞に寄稿した（杣一九九〇）。

九一年三月、再び国会に呼ばれた堀江は、社会党議員から「日本の選挙学会というのですか、先生も多分メンバーだと思うのですが、選挙学会でも私は学会の大勢はまさに併用制であるというふうに聞いております」と、暗に堀江が学会の少数派ではないかと疑義をつけられる。堀江は八次審委員になる前月まで日本選挙学会理事長だったのだが、「選挙学会で併用制が大勢であるかどうかについては、いささか私は意見を異にしております」と苦しい答弁をせざるをえなかった。

民間政治臨調

自民党内も賛否で紛糾していた。海部内閣が国会に提出した政治改革法案は、答申を踏まえ並立制を採用する一方、小選挙区分と比例代表分は三〇〇対一七一とされ、八次審答申より小選挙区の配分が増加されていた。対して野党四党は併用制案でまとまり、政府案に対峙した。野党の結集には、富田信男ら並立制批判の七学者による「選挙制度を考える会」が仲介したともいわれる（岩崎一九九二）。

九一年九月、与野党折り合わず関連法案は審議未了・廃案、海部首相は退陣を表明した。危機感をもった自民党若手議員が、国会閉会の翌日、社会経済国民会議の稲葉秀三や亀井らを訪ね、「もはや党内には政治改革を推進する力は残されていないこと」を訴えると、これに稲葉らが応え、政治改革を後押しするための新たな国民運動組織の立ち上げが決まった。翌年四月に正式に発足した政治改革推進協議会（民間政治臨調）がそれである（前田二〇一三)。

民間政治臨調は、八次審委員の有志の団体のようなところがある。亀井は佐々木、堀江、内田らを都内ホテルに集め、人選を固めた。以前臨調に否定的だった佐々木も、「赤紙」のような亀井の招きに応え、主査に就いた。四委員会が設置され、選挙制度等に関する委員会では堀江が委員長を、蒲島郁夫と岩井奉信《ともあき》（一九五〇〜）が主査を務めた。

民間政治臨調は、矢継ぎ早に緊急提言を発表するなど、政治改革の国民運動を展開した。動向はマスコミに取り上げられ、改革に賛同する超党派の議員とも連携していく。

九三年四月、自民党は単純小選挙区制を柱とする政治改革法案を、社会党・公明党は併用制の法案を国会に提出する。新たな自民案は、並立制よりさらに与野党合意が困難なのは明らかだった。膠着《こうちゃく》状態の打開に向けて、民間政治臨調はそれまでの検討を経て、小選挙区比例代表連用制（民間政治臨調方式）の提言を発表する。

連用制はあまり耳慣れない制度である。並立制と併用制の「中間的効果を期待しうる制度」と説明されている。小選挙区と比例代表の二票制とし、比例代表では小選挙区での獲得議席数を加味して議席を配分するものだ。並立制の欠陥とされた小選挙区分の得票率と議席率の乖離《かいり》、および併用制の欠陥とされた超過議席の発生をうまく抑制する工夫がされていた。議席数のシミュレーションでは現有の与野党議席とほぼ同様となった。選挙制度における

「安定政権の実現と政権交代の可能性」、「多様な民意の反映」等の要請と調和し、「ソフトな二大政党制もしくは二大ブロック制の実現」をめざす制度という位置づけだった（民間政治臨調一九九三）。

この連用制は、「比較政治制度研究会（CP研）における若手議員の会話の中から着想された」という。CP研とは、佐々木が座長を務める超党派の若手議員の勉強会のことである（前田二〇一三）。連用制はもともと英国での改革案に示唆を受けたもので、第二次から第六次の選挙審でも検討されてきた（堀江一九九三）。具体案にまとめたのは堀江だろう。「私としては、「選挙審での議論をつきつめていくとこうなる。政府の審議会では実現しなかったが、本当はこれが言いたかったのだ」という内容をめざしたつもりである」（堀江一九九二）。佐々木たちは各党に連用制を説明してまわった。「有力な妥協案になる」、「ひどくわかりにくい案」など評価は一様でない。富田は「連用制はいわば妥協の産物」と堀江を面罵した（富田ほか一九九三）。だが、与野党に歩み寄りを促す「触媒」（岩井一九九七）として期待が集まった。

改革の終着点

その後の経過はよく知られている。自民党は党内をまとめられなかった。九三年六月、宮澤首相は法案成立を断念し、野党は内閣不信任案を提出、これに三九人の自民党議員が賛成票を投じ不信任案は可決され、衆議院は解散された。離党者が続出し、分裂状態で翌七月の総選挙を迎えた自民党は、過半数を大幅に割り込み、一党優位の単独政権を維持できなかった。自民党長期政権、一九五五年の政治体制は崩れ落ちた。

連用制は、日の目を見ることなく霧消した。細川首班の非自民八党連立内閣の成立にあたり、連立参加の条件には並立制への支持が挙がった。連立内閣の提出した政治改革関連法案は、並立制を軸とし、修正協議を経て衆議院で可決したものの、参議院では社会党の大量の造反者を出し否決、両院協議会が設置される。九四年一月二八日深夜、細川首相と河野自民党総裁の会談によって並立制で一致した。翌二九日、衆参両院で政治改革関連法案が可決され、長年にわたる政治改革論議は決着した。

議席配分は小選挙区三〇〇・比例代表二〇〇、比例区は一一ブロックとされた。八次審の答申と同じである。「奇妙だなと、関係した人は皆そう思った。あれだけ文句の多い議員が何百人も集まって、なんだ最初の案通りになったのかと。それなら、この間の騒ぎはなんだったのか」（佐々木二〇一八）。翌月、佐々木は新聞にこう書いた。

政治改革法の成立は、戦後政治史における一つの革命的な出来事である。結論は満点には程遠いが、よろけながらも政治が自力でここまで進んできたことは過小評価してはならない。（略）それを特定党派の損得勘定などでしか論じないとすれば、この国の言論の貧困さと俗悪ぶりは救い難いし、それはひいては政治を救い難いものにするといってよい。

（佐々木一九九四）

特定党派の損得を超え、政治家が「自己変革」を遂げたという佐々木の論は、自身がかつて論じた「大政治」、「政治的意味空間」の回復と二重写しだったろう。

改革のあと

政党政治の理念は改革を方向づけただけでなく、佐々木の超党派的な行動をその後も特徴づけた。九九年、民間政治臨調は二一世紀臨調に改組し、二〇〇三年には政権公約（マニフェスト）に関する提言を発表する。以後のマニフェスト選挙を準備する提言である。二二年には令和臨調が発足し、これらに一貫して佐々木は深く関わった。

堀江は、民社党系の民主社会主義研究会議（現・政策研究フォーラム）に関与する一方、国の地方分権推進委員会、参議院の将来像を考える有識者懇談会などに参画した。佐々木とは違う道を歩んだとはいえ、同種の行動規範は堀江にも生きている。

改革が当初の目的を達成したかは諸説ある。後援会活動や利益誘導は持続し、「選挙制度改革論者は敗北した」という議論もある（佐藤一九九七）。だが派閥弱体化という党組織の変容、そして郵政選挙の自民圧勝（二〇〇五年）や政権交代（二〇〇九年）による政党システムの変動をもたらし、日本政治の劇薬となった。

佐々木たちは、制度改革派と呼ばれることがある。選挙制度改革の他に、九三年に山口二郎らが自衛隊の合憲性を認める「平和基本法」を提言したことも含め、制度改革に加わった学者らに付けられた名称だ（西島一九九四、山口二〇二三）。佐々木はこの名付けに不服だったようだが、制度を本丸とした立場であることは的を射ている。「今回の政治改革論が制度改革の面を強く持つことになったのは、これまでのあまりに心構え論に傾斜していた議論を改める意味を持っていた」、「制度を動かしながら心構えも変えていくというのが全体の構図に外ならない」（佐々木一九九四）。「よく政治改革は選挙制度改革に「矮小化」されたなどといった議論が横行した」が、こうした議論こそ矮小な議論だと切り返す（佐々木編一九九九）。政権批判や党派の消長を超えて、「民主主義の条件」（砂原二〇一五）をなす制度を問題にしているからだ。

政治的現実における制度の役割をとらえること。佐々木や堀江だけでなく、政治学もまた制度の探究へと大きく動き出すことになる。

2　新制度論

旧制度論・反制度論・新制度論

政治改革における学者の提言には批判も強かった。「充分な実証的根拠に裏付けられていない」というのがその一つだ（大嶽一九九五）。政治学者の曽根泰教《やすのり》（一九四八〜）とジャーナリストの石川真澄は、八次審の答申をとりあげ、「［小選挙区制は］政権交代の可能性が高いということの論証が全く書いていない」（石川）と述べた。因果関係の裏づけがないというのだ。

石川　例えば仮に英国の政治がいいとして、それでは英国の制度を輸入すれば、それに付随して必ず政治がよくなると言えるのかという根本的な議論さえないんですね。それは一つの政治観の大変な問題だと思います。

曽根　戦後、制度論がまったく欠けていましたね。結局、選挙の専門家というのは投票行動の専門家なんですよ。

石川　そう、選挙分析です。

曽根　もっぱら選挙分析ですから、選挙制度を専門に研究する人は意外と少ない。（略）最近、政治学のほうで制度論の復活がありますが、選挙制度の専門家が少なくて、どちらかと言うと、投票行動の人が片手間にやっていた。そういうところに、ある意味で議論の不幸があったかもしれませんね。（曽根・石川一九九六）

曽根が指摘するのは選挙制度論の不振だ。戦後、蠟山政道ほか『小選挙区制』（一九六六年）や田口富久治『選挙制度』（一九七三年）など成果がなかったわけではないが、選挙研究者の主たる関心は制度の外側に向けられていた。政治家の地盤の分析や、社会心理学モデルが採用されたのはその現れだろう。

ことは選挙研究だけの話ではない。かつて丸山が「制度フェティシズム」――政治制度がその作用をはなれて自律的に存在するという考え方――を厳しく批判したように（高畠・丸山一九六〇）、現代政治学は、その起点において反・制度論の傾向をもつ。大山郁夫の「科学としての政治学」の論敵が国家論だったことをはじめ、そもそもこの学問は法学的国家論から分離成立した出自をもつ。松下圭一は端的にこう指摘する。

日本の政治学は、戦前の国法学型政治制度論からの脱却をめざして、戦後、いわゆるマルクス主義理論はおもに「体制構造」を、いわゆる近代政治学はおもに「政治過程」を対象とした。その結果「政治制度」についてはみるべき成果を欠いている。(松下一九七五)

制度論の後退は、戦前政治学に対する反省の結果でもある。戦後の行動論はこの土壌で受容され、成長したのである。

制度にかえて個人に注目することは、戦後社会のあるイメージを背景にしたとも言える。京極純一がつとに強調した、西洋由来の近代的諸制度と、土着的な思考行動様式の結合という日本社会像は、知識人の間で一定の説得力があった(京極一九六〇)。占領改革による制度面の民主化の一方、近代化の立ち遅れは個人にあるという考え方とも結びつき、政治の思想や倫理が重視された。制度をめぐる各論が後退したのも無理はないだろう。

状況が変わるのは、八〇年代後半だ。ネオ・マルクス主義に呼応するように現れた国家論の復権は、やがて新制度論と呼ばれる潮流に結集する。新制度論者たちは制度を射程に収めるとともに、新たな研究規範を定着させ、政治学を変える震源地となっていく。

国家を取り戻す

この頃になると、学生留学や研究者の国際交流は一層広がっていた。戦後に留学者数は次第に増え、特に八五年のプラザ合意による円高で、留学は一挙に身近となった（船守二〇一一）。日本で新制度論を展開するのは留学組の若手であり、行政学者の真渕勝（一九五五～）もその一人である。

真渕が研究生活を始めた八〇年代は政治学の激動期だ。事例研究の積み重ねが重視されたかと思えば、その方法上の限界が指摘された。日本研究が本格化する一方、一国研究の限界が指摘され、比較研究の必要性がいわれた。折しもレヴァイアサン・ムーブメントの渦中であり、村松岐夫の指導下にいた真渕もこれに直面した。駆け出しの学者にとっては「方法が定まらない時期が続いた」（真渕一九九四）。

八五年、真渕は日米友好基金の援助を得て米国に渡る。「方向感覚」を掴もうと、コロンビア大学で面白そうな授業を聴講してまわった。

やがて「新制度論」というのが流行っているらしいということを、いろんな方向から聞くようになりました。その関連文献を買って読むようになりました。「これを勉強したらいいのか」と思った次第です。ただ最初は「それまでの議論と較べて何が新しいのか？」と抵抗しました。「今までいわれていることと、どこが違うねん」と。（真渕二〇二一）

遭遇したのは、米国での新制度論の目覚ましい台頭だ。だが、その新規性には疑いを持ったらしい。帰国後、この動向を紹介した「アメリカ政治学における「制度論」の復活」（一九八七年）では、未知の可能性に出会った熱狂はなく、強い違和感が述べられている。

真渕勝　写真提供：朝日新聞社

真渕論文の概略はこうだ。彼は、歴史社会学者であり政治学者でもあるシーダ・スコッチポルの論文〝Bringing the State back in（国家を取り戻す）〟の整理を手がかりに議論を進める。スコッチポルの新制度論の分類によれば、第一は行為者（actor）としての国家だ。社会からの要求や圧力に抗し、国家が自律的に政策を実行する能力を問題にする。第二は、制度による社会集団や政策への影響をみる多国間分析だ。たとえば経済危機に瀕した際、採用できる経済政策は、国家構造の開放性の程度に応じて分岐するという。スコッチポルは両者を国家論と呼ぶが、真渕は前者を国家論、後者を制度論と、後に呼び分けている（真渕一九九一）。

だが、真渕によれば、いずれのアプローチも「輸入」に値しない。前者は、政府や官僚制の自律性の考察として日本で既に十分蓄積がある。社会の自発性をみる議論が出始めたばかりの日本では、国家論は「反革命」的な性格を帯びてしまう。後者は、制度が政治パターンを規定するという仮説自体が新しくなく、挑戦的でなく新鮮味もない。さらに制度概念は曖昧で「学ぶべきことはさほど多くはない」。そこで注目するのが第三のアプローチである。

財政危機の制度的基盤

第三の立場は、国家と社会を結ぶ「政策回路」——政策の実施に際して国家が活用可能な手段——として制度を捉える。たとえば、政府の金融政策は通貨や債権にかかる金融制度を通じて行うものだが、金融制度のあり方は、それ自体として国家の経済介入能力を規定するという。制度が政策回路として独立のメカニズムをもち、政府の政策選択や実施における制約要因として働くという主張である（真渕一九八七）。真渕は「政策回路という概念は日本の政治行政を分析していくうえでも様々なヒントを与えてくれそうである」と評価し、財政・金融制度の分析に応用を試みようとする。

その頃、日本の「大蔵省・日銀王朝」については経済学者らの分析があったが（榊原・野口一九七七）、政治学的な接近は乏しかった。真渕はまず大蔵省の予算編成過程の検討から始め、数年の後、財政危機の制度的基盤に焦点をあてた『大蔵省統制の政治経済学』（一九九四年）を書き上げた。

背景には日本の深刻な財政赤字がある。日本政府は六五年度補正予算で初の長期国債を発行して以後、財政の国債依存率は高まり続け、七九年度当初予算では約四〇%に達していた。先進工業国の中でも国債依存率は際立って高い。財政再建のため大平正芳内閣は一般消費税の創設を呼びかけたが、選挙戦のさなか首相は死去してしまう。真渕は大学院に進学した年に大平急死に接し、財政赤字の深化に問題意識をもったという。

なぜ日本の財政危機は深刻なのか。政治的多元主義の仮説によれば、利益集団の圧力行動――とそれに抗しえない政府の弱さ――が財政拡大の原因とされ、財政危機は大衆民主主義の結果である。確かに、日本でも予算編成のあらゆる局面で利益団体の働きかけがあることは、真渕も参加した村松らの団体調査で確認されていた(真渕一九八一)。しかし、これでは諸外国よりも財政赤字が特に大きいことを説明できない。そうではなく、財政と金融の制度に起因すると真渕は考えた。

これは二組の仮説から成っている。第一に、戦後日本の歳出予算の形成過程は、遅くとも六〇年代末までには自民党の歳出増圧力の影響下におかれたという(財政政治化仮説)。第二に、大蔵省は歳出増を国債発行によって賄い、かつ国債を金融機関への割当て、あるいは日本銀行による引受けで対処しようとした。財政当局である大蔵省が、同時に金融機関の監督官庁であることがこれを可能にしたという(金融従属仮説)。つまり、日本銀行が大蔵省の統制下にあり、独立性の弱い制度が、財政政治化の影響を押し止めることができず、財政赤字を膨張させたというのだ。

このことを真渕は縦横に確かめる。一つは各国比較であり、先進工業国における財政への議会の関与、国債発行に関する法令、中央銀行の独立性などを調べ、日本の制度の特異性を浮上させた。また歴史的には、戦後改革によって制度の形成後、抵抗にあいながらも、財政政治化と金融従属が定着していく様を跡付けた。真渕の本の主要部分は、制度の形成と定着についての膨大な資料による分厚い戦後史である。

一旦成立した制度によって政府の行動の経路が制約され、以後この経路に依存して行動が選択されるという立論は、後に歴史的新制度論と呼ばれる。真渕の研究は、日本におけるその代表的著作の一つとしてみなされていった。

日本銀行・大蔵省改革

同書は、日本政治にとっても時宜にかなった研究となった。九〇年代の政治改革は、選挙制度改革に引き続いて、中央省庁の再編、司法制度改革、地方分権改革などに飛び火し、政府の広範囲にわたる制度の改革に至っていた。橋本行革である（待鳥二〇二〇）。その一つが、財政と金融の分離を図る日本銀行・大蔵省改革だ。

九六年、自社さ連立与党の大蔵省改革プロジェクトチーム会合の場で、橋本龍太郎首相の私的諮問機関である中央銀行研究会の設置が決まる。住専の不良債権問題への対応、接待汚職事件等の不祥事、天下り問題などを受け、金融機関に対する検査監督権限を大蔵省から切り離し、日本銀行の独立性を確保すべきだとの議論がなされた。この動きに対する大蔵省の抵抗は熾烈《しれつ》で、政治学者にも馴染みの深い「選挙経済循環」の考え方をベースに、日銀の独立性が高まれば、選挙に有利な金融政策の余地が狭まり、与党議員の不利益になると説いて回ったという。だが次第に大蔵省は追いつめられ、大蔵省から権限を分離独立させる金融監督庁設置法の成立、人事上の分離など、一連の制度改革が進められた(真渕一九九七)。

結果として、大蔵省改革は真渕の主張の通りに実現された。むろん、改革が議論された研究会に参画していない真渕は、新聞や雑誌で大蔵省改革を唱えたにとどまり(たとえば真渕一九九五)、その所論が現実にどれだけ影響したかは不明である。そもそも当時、中央銀行の独立性を高める改革は世界各国の潮流であり、日本の改革もこれを受けたものだった(待鳥二〇二〇、上川二〇一四)。政府の行政改革会議の委員だった国際政治学者の猪口邦子(一九五二〜)を例外として、大蔵省改革における政治学者の関与は薄い。

それでも、政治学的に大蔵省改革を正当化しえたことは、一つの学問的貢献となった。サントリー学芸賞の受賞時には「鮮明な問題意識と主張、そして平明な文章によって、社会的な関心への応答として読みうる作品」と日本政治外交史の五百旗頭真《いおきべまこと》（一九四三～二〇二四）に評されている。たとえ真渕が「観察者に徹するそぶり」（飯尾一九九七）をみせ、同書が改革の必要性を高く掲げなかったとしても、制度が財政危機を深刻化させたという因果関係の主張は、現実政治における含意が明確だったのである。

大嶽・真渕論争①制度の概念

新制度論には疑問の声もあがっていた。代表は大嶽秀夫だ。彼は新制度論を「目下の流行」とし、「その主流を占めた「歴史学的新制度論」の貢献は何だったのだろうか。例えば米独の職業訓練制度の違いを比較歴史学的に分析することは、この学派の業績を読まなくても充分可能である」と皮肉を述べた（大嶽一九九六）。直接には次の指摘がある。

この新しい制度論において、「制度」をどのようなものとして捉えているかは、必ずしも明確でない。制度は、通常、「個人の行動を構造づけるもの」と極めて一般的、抽象的に定義されるにとどまっており、「構造」、「パターン」、「役割」、あるいは「文化」といった、これまで政治学で通用してきた概念とどこが違うのか、十分な議論を経ていないからである。

（大嶽一九九〇）

もともと新制度論は、米国で多元主義の批判、また論者によっては行動論自体の批判として登場した経緯がある。行動を取り巻く制度にこそ重点をおくべきだとするのだから、その批判は従来的な行動論研究へと向かった。大嶽の指摘は、新制度論からの批判に対する多元主義、あるいは行動論の側からのリプライとしての意味がある。

この種の疑問は、新制度論にくりかえし投げかけられてきた。真渕は『大蔵省統制の政治経済学』の第一章で、大嶽に対する反駁を行った。それによれば、従来の政治学の「構造」概念は多義的で、明確な定義なく使われている。真渕のいう制度とは公式の法令であり、その明確性や操作可能性は一線を画している。「制度論はその曖昧さを克服しようとしているところにその価値がある」。行動科学が構造概念を拡張的に使用したのに比べれば、制度ははるかに明確な操作化された概念だとしたのだ。

なお断っておけば、真渕自身の分析にも旧来的手法が組み合わされている。もともと渡米前の真渕は、予算過程の研究で知られるアーロン・ウィルダフスキーの予算編成論に主として依拠し、「大蔵省の行動」すなわち行政官の行動、公益観、リーダーシップなどに焦点を当て、六〇年代後半の財政硬直化打開運動を再構成する研究を行っていた（真渕一九八三、一九八五）。オーソドクスともいえる行動科学的な政治過程論である。真渕の前掲書はこの旧稿をベースにした部分も多く、新制度論と銘打ちつつも、行動論からの連続的発展という側面が色濃い。「本書が採る手法は、伝統的に過ぎないであろうか」(五百旗頭)という感想を招いた所以である。

真渕が制度概念の明確性を強調したのは、別の論点にもかかわるからでもある。因果関係の特定がそれだ。

大嶽・真渕論争②パターンと因果関係

大嶽は制度概念を「構造」、「パターン」とどう異なるのかと批判していた。大嶽によれば「パターン認識」の意義は大きい。戦後政治学の業績は、少なからず、政治過程に共通するパターンの抽出を通して、マクロな政治体制の特質を把握しようとしてきた(大嶽一九七九b、二〇〇五)。超国家主義、一九五五年体制、日本型多元主義などはいずれも日本政治に反復するパターンを記述する。ここには権力構造、すなわち「統治するのは誰か」という問いが結びついている(たとえば村松ほか一九九二)。

しかし真渕の考えでは、そうしたパターンをもたらす因果関係の特定こそが問われている。「現代政治学の関心は従来の権力構造の分析から政策および政策実績の説明へとその焦点を移してきた」のであり、「そこで中心となる問いは、各国の経済政策やその帰結の差異は何によってもたらされるのか」なのである（真渕一九九一、二〇〇八）。新制度論はこの問いに答えようとする。「新しい制度論は制度そのものを記述するのではなく、それが何をもたらすか」を探求し、パターンは「制度にとっての従属変数」として捉えなおされる。「パターンの発見よりも因果関係の特定の方が重要である」（真渕一九九四、二〇〇二）。

これは何が優れた研究なのかという主張でもある。真渕は以前から「独立変数と従属変数の関係を明確にするべきである」という主張を周囲で耳にし、さらには「「どのように」よりも「なぜ」という疑問が、実証分析にとって重要である」との指摘にも無視できない力を感じていた（真渕一九九四）。村松によれば、関西のある研究会では、同じくアメリカに留学していた久米郁夫（一九五七〜）が八七年に帰国した頃から「一体何が独立変数なのか」という質問が多くなったという（村松一九九九）。真渕はこうした学問的要請に応えようとした。

真渕の課題意識にもっとも明瞭な形を与えたのは、『大蔵省統制の政治経済学』と同じ年に刊行されたキング、コヘイン、ヴァーバの共著『社会科学のリサーチ・デザイン』だっただろう。著者らの頭文字をとってKKVと呼ばれるこの本は、定性的研究であれ定量的研究であれ、優れた研究すなわち科学的な研究が備えるべき特徴を体系的に論じ、米国で幅広い反響を呼んだ方法論の教科書である。「科学とは方法である」、「目的は推論である」と明快に主張するKKVは、記述的推論と因果的推論とを区別し、これらの推論が従うべきルールを論じた。

真渕はこれに注目した。彼が学生向けに書いた共著『政治過程論』（二〇〇〇年）では、日本で初めてKKVの概略を示し、記述的推論を「観察している対象のなかに一定の規則性あるいはパターンを発見すること」、因果的推論を「なぜそのような「規則性」が生じるのかを知ろうとすること」と言いかえ、その考え方を平易に解説した。また、監訳者としてKKVの邦訳に携わり、政治学を超えた読者に提供した。

批判者である大嶽も、新制度論に意義を認めないわけではない。九六年の教科書で大嶽は、「多元主義理論がその理論枠組みよりは、イシュー・アプローチという具体的研究方法において革新的であったように、制度論も複数の国における特定の政策領域の構造を研究するというそのアプローチにおいて、政治学に貢献しえたと考えるべきかもしれない」と書いている（大嶽ほか一九九六）。だが、おそらく大嶽の認める以上に、新制度論は革新的だった。

それは次のような考え方に現れている。もはや資料やデータに基づくだけでは科学として十分でない。科学とは方法であり、その目的は推論である。事実の収集は、推論の準備段階として位置づけなおされる。資料中の細かな日付や固有名詞が消え、事象の傾向性や因果がみえてきたとき、その事例の意味を初めて理解できるという（真渕二〇〇二）。こうした真渕の捉え方は、大嶽とは対照的だ。大嶽は、「固有名詞が出てこないと本当にわかった気がしない」と述べ、「反理論的傾向」をもつ事例研究に従事してきた（大嶽二〇二一、大嶽編一九八四）。何が良い研究なのか、その捉え方が変わりつつあったのである。

合理的選択新制度論

真渕だけではない。相次ぎ発表された新制度論の日本政治研究は、いずれも強い方法意識に貫かれている。歴史的新制度論と対照されることの多い合理的選択新制度論では、特にそれが際立つ。

合理的選択新制度論とは、合理的選択理論の立場による制度論への接近である。合理的選択理論は、行為者が効用最大化という合理的行動――企業なら利潤最大化、政治家なら在職期間最大化――を行うという仮定から社会現象を分析する、経済学出自の考え方である。ここに行為者の効用関数の制約要因としての制度、あるいは選択の累積的結果としての制度といった考え方を取り入れ、発展したのが合理的選択新制度論である。

合理的選択理論そのものは、日本政治学では八〇年代初頭に三宅一郎らが紹介していた（三宅編一九八一）。だが、日本政治への応用は立ち遅れ、九〇年代になって河野勝らが率先して合理的選択新制度論を導入してから本格化した。河野は合理性を分析の基礎に据え、自民党の派閥構造、政党システムの発展、選挙制度の効果（いわゆる「M＋1の法則」）などを対象に合理的選択新制度論による分析を展開した（河野一九九一、一九九四、二〇〇〇a）。

合理的選択理論の台頭は、「二つの方法論的な意味でそれまでの政治学を一変させた」と河野は言う。第一は、政治現象を個々のアクター間の相互行為の結果として捉える「方法論的個人主義」だ。近代化や経済社会構造といったマクロ的要因に還元する研究とは対照的に、ミクロな分析視角を確立した。

第二に、より重要なのは研究手続きに関わる「方法論的演繹主義」だ。合理的選択理論の推進者にとって、「理論化のためのデータがあるのではなく、データは（すでに演繹的に構築された）理論の正当性を検証するためにあると位置づけられている」。つまり理論的前提も仮説もないままデータに入り、高い相関係数（ないしパターン）を発見しようとするのではなく、あらかじめ導出した仮説をデータで実証する順序だという（河野二〇〇〇b）。

これはデータとは何かを問うものだ。歴史的新制度論と合理的選択新制度論は、資料やデータをもとに現実を再構成するのではなく、前もって構成した仮説の検証のために資料やデータを用いる手続きを促した。後年、真渕が自戒を込めて、「日本の政治は、分析の対象としてではなく、検証の素材として扱われることが多くなった」と述懐したのは、やや誇張が含まれるとはいえ、新制度論の研究戦略が一定の成功を収めたことを物語る（真渕二〇〇八）。

因果分析は浸透拡大した。「狭義の因果関係の分析に過度に傾斜している」（大嶽二〇〇五）と懸念されるほどにもなった。

なぜ因果関係は探求されるべきなのか。一方では国際的な研究動向を踏まえたものだったが、他方では政策提言の倫理にかかわる。真渕は次のエピソードを紹介する。

ある研究会での出来事である。報告者が「私には因果関係の特定をするような力はないので、今後は提言していく」という趣旨のことを言われたことがある。これに対して参加者の一人が、「因果関係がわからなくてどうして提言できるのか」と尋ねられた。質問の趣旨は明快である。このような政策を選べば、このような帰結が生じるであろうという因果関係の見通しをもたずに、どうしてその政策を推奨できるのかということである。

（真渕二〇〇一）

政策提言には因果関係の知識の裏づけが必要である。ある政策は、その帰結やパフォーマンスを考慮の外におくことはできない。因果的推論が不十分なまま政策を提唱する人々は、しばしば重大な過ちを犯してしまう。真渕はこうした人々を、ある経済学者の著作にならって「公共政策を売り歩く人々」と呼ぶ（真渕二〇〇九）。

むろん、因果的帰結にはかかわりなく望ましい制度や政策はありうる。因果関係に基づく制度設計を行うにしても、膨大な数の因果関係の知識が必要となり、実効性には限界がある。この点に真渕は自覚的である。にもかかわらず、あるいはそれゆえに、責任ある政策提言のためには因果関係の知識が生産されるべきなのだと彼は考える。後のＥＢＰＭ（Evidence Based Policy Making：証拠に基づく政策立案）にもつながる考え方といえる（杉谷二〇二二）。

こうした因果分析を政策提言と結びつける動向は、八〇年代の「新しい流れ」以来、一度は希薄化したと思われた政治学と社会の接点を再び取りもどす意図があったというべきだろう。学問の自律化と専門化の中で、政治学の社会的有意味性を回復すること。この意味では、新制度論もまた制度改革派と類似した方向性をもつ。

日本でポリティカル・サイエンスという言葉が使われだすのは、こうした潮流を受けてのことである。

第6章　細分化の向かう先——二一世紀を迎えて

1　ジェンダー研究

戦後政治学の変貌

戦後五〇余年、政治学の景色は大きく変わった。一九九八年、日本政治学会の創立五〇周年に際し、理事長の五百旗頭真はその変化をこう語る。

戦前期に「英才に見捨てられたる政治学」と批判されたような事態に現在の政治学はないであろう。五〇年前に八〇名で開始された学会が、今日の一五〇〇名にまで量的膨張を遂げただけではない。私どもの世代が学生であった頃の政治学の教科書といえば、やはり欧米の理論の紹介が多かったように思う。最近は実際の政治現象に分かるような系統立っ

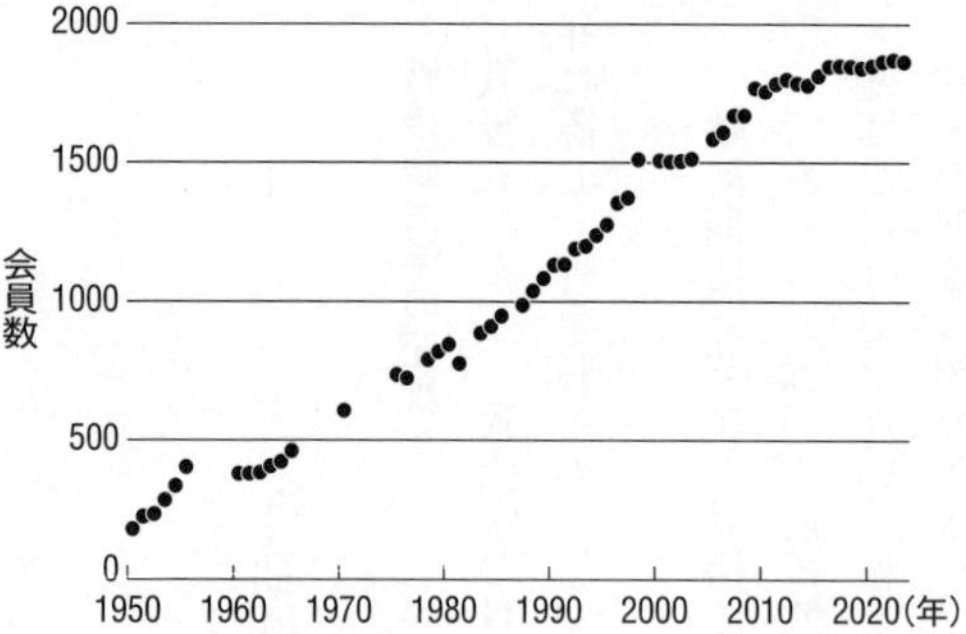

図４　日本政治学会の会員数

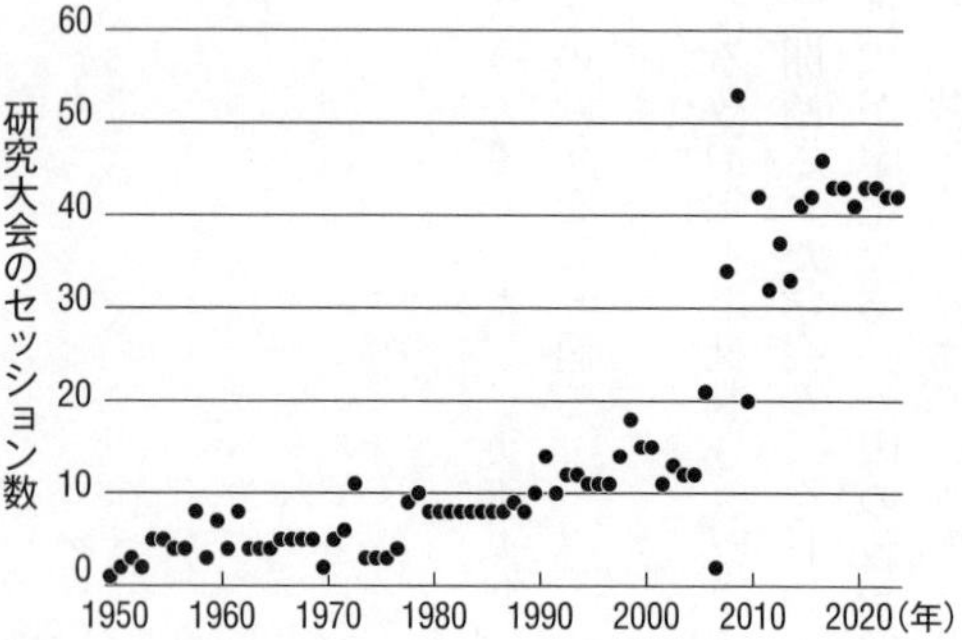

図５　日本政治学会大会のセッション数／年

た解説を施している場合が多いのではなかろうか。去る九月にボストンで開かれたアメリカ政治学会（APSA）では、日本の政治学者が比較選挙の分野を中心に活躍し、「日本の侵略」と評されたという。
（五百旗頭一九九八）

五百旗頭のいうように、政治学者の数は増加した。日本政治学会の会員数は九〇年代末に一五〇〇人を超え、その後も増え続けている（図4）。

人数の増加は、研究領域の拡大と専門分化を後押しする。たとえば、日本政治学会研究大会の報告セッションは右肩上がりに増え、とりわけ二〇〇〇年代半ば以降に急増している（図5）。セッションの数は、会場規模や大会運営の方針などにも制約されるが、分野の拡大と深化を表現してもいるだろう。

教科書も変わった。後述の通り九〇年代には「テキスト革命」と呼ばれる変化が始まっていた。

政治学の国際化も進んだ。西川賢《まさる》、松井暉《あきら》、筆者の三人のプロジェクトの調べによれば、国際的な政治学ジャーナルに掲載された日本の学者による論文数は、着実に伸びつづけている（図6：対象はクラリベイト社の二〇一八年ジ

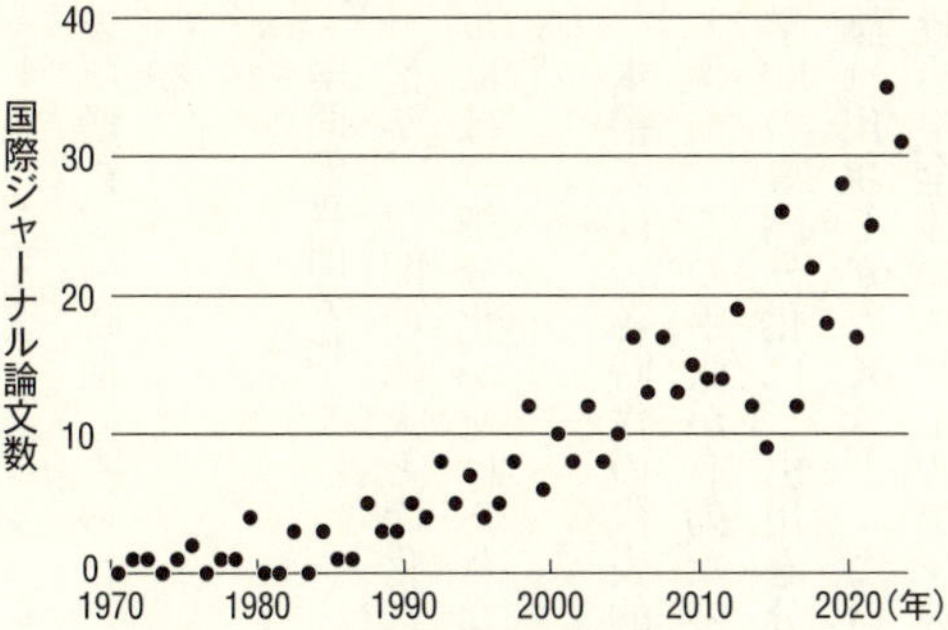

図6　国際ジャーナルにおける掲載論文数／年

ャーナル・サイテーション・レポートの上位五〇誌)。若手を中心として国際的に活躍する研究者は増え、一時期にみられたような「輸入学問」としての日本政治学のイメージを払拭している。

学問の専門分化

だが、学問の拡大と深化にともなって、分野全体の像を得ることは難しくなる。研究の進歩には、細分化が避けられない。ここまでの本書のような学史スタイルは次第にとれなくなる。

本書では、各時代の代表的研究を特定するために被引用数に着目し、代表的業績を特定してきた。この手法が有効なのは、突出して広範な引用を得る業績があるためである。しかし学問の専門分化は、引用を分散させてしまう。主題の多様化によって、突出した高被引用文献は出現しがたくなり、これにかえて、小分野ごとに小中規模の被引用数の山がつくられる。政治学全体のスケールで少数の代表を絞り込むことは難しい。引用データによる代表的文献選定の成否は、学問の専門分化の構造や程度に依存するのである。

さらに引用分析には、より根本的な制約がある。文献の出版から引用されるまではタイム・ラグの年数(引用年齢という)があり、一般に人文社会科学で引用年齢は長い。同時代のものほど分析に堪えるサイズのデータ収集は難しく、研究のインパクトは測定しがたい。従って本書のような文献選定の方法が成り立つのは、せいぜい九〇年代までだ。今後のデータ整備と方法的発展を待つほかない。さしあたり、九〇年代後半から二〇〇〇年代を扱う本章では、叙述の方法を変え、政治学の再考及び発展を図る潮流と目されるものを、二つだけ取り上げたい。一つはジェンダー研究である。

女性の政治学者

岩本美砂子　写真提供：共同通信社

ジェンダーと政治、フェミニズムと政治学にかかわる日本の研究の立ち遅れは、九〇年代半ばから指摘されてきた。この分野を精力的に牽引してきた政治学者の岩本美砂子《みさこ》は、九六年のレビュー論文「フェミニズムの政治学　大いなる課題と空白」で、日本の政治学が直面する「巨大な空白」があると論じる。

> この「フェミニズムの政治学」というテーマで国際的学界状況を取り上げるならば、かなりの文献リストができるであろう。他方、日本の学界で

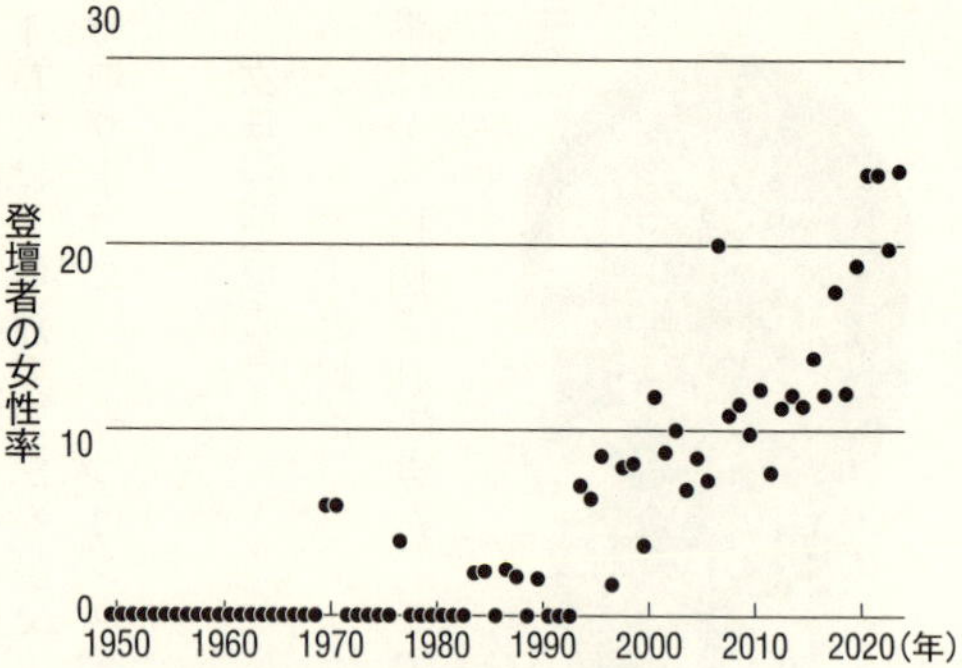

図7　日本政治学会大会の女性登壇者率

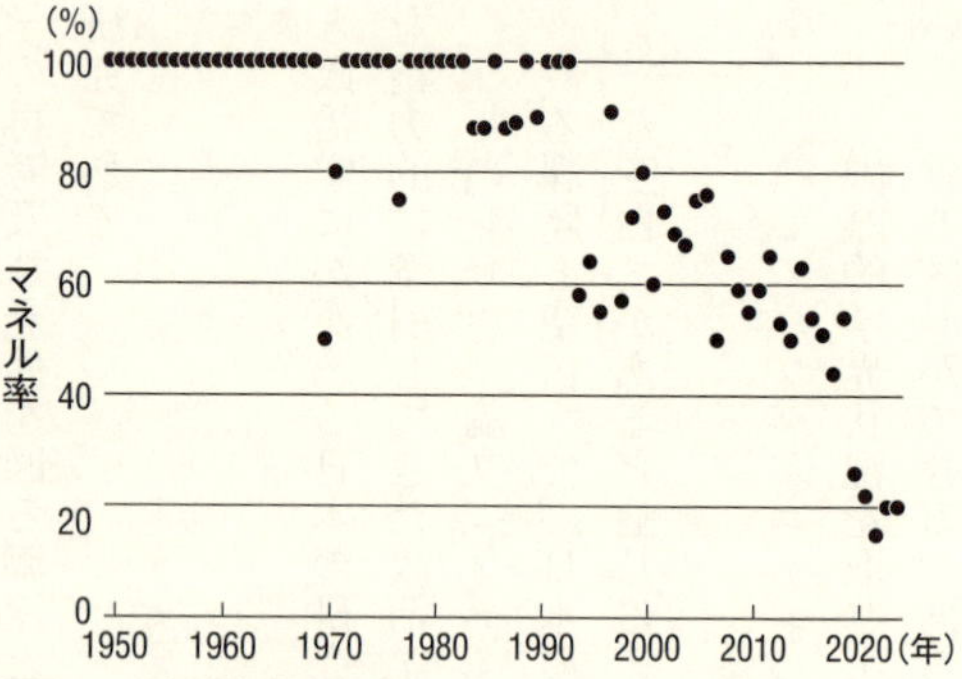

図8　日本政治学会大会セッションのマネル率

の成果は、かなり乏しい。（略）日本の政治学にとっては、「女性」は死角である。日本政治学会の年次大会で女性問題を取り上げたこともないし、年報に論文が掲載されたこともない。

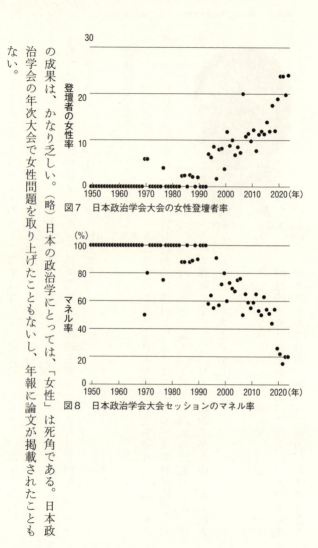

岩本が挙げるのは女性政策、女性の投票行動、女性参政権運動、女性議員のリクルートなど、わずか二六の国内文献であり、テーマの広さと対照的に成果の「空白」を示すものだ。六〇年代後半以降、第二波フェミニズムは社会学を中心にインパクトを与え、日本女性学会の設立（一九七九年）や大学で講座の設置が進んできたが、日本政治学では「従来の政治学の守備範囲に、フェミニストの問題提起が入ってきていない」のである。

背景には女性の政治学者の少なさがある。岩本によれば、大学院教育や教員採用のあり方や、政治を女性と無縁なものと捉えるジェンダー観が、女性研究者の育成を阻んできたという。

どれくらい少ないのか。一九五〇年の日本政治学会の女性会員は、東京大学初の女子学生となった久保田きぬ子（一九一三〜一九八五）ただ一人だった。その後、少なくとも九五年には六〇人（四・七％）となり、二〇一九年にかけて二五四人（一三・九％）に漸増した。しかし、世界政治学会（ＩＰＳＡ）に加盟する各国政治学会の二〇一七年の平均三三・九％を依然大きく下回る（御巫一九九九、日本政治学会二〇二〇、IPSA 2018）。近接分野である法学と比べても、政治学の女性率の低さは際立つ（辻村二〇〇五）。

これを学会活動からも見てみよう。日本政治学会大会のセッション登壇者に占める女性割合は、長い間ゼロであった（図7）。登壇者（通常は数名）が全員男性である会合をマネルと呼ぶが、セッションのマネル率は長くほぼ一〇〇％が続いた（図8）。この学問の男性的風景を反映するものといえる。変化に転じるのは、ようやく九〇年代後半であり、ジェンダー研究の勃興とほぼパラレルにある。その最前線にいた一人が岩本だった。

浮上

前史は長い。政治学者の大海篤子《おおがいとくこ》によれば、明治期と大正期に行われた研究には、女性に政治的権利を認めようとしない「女性を除外する政治学」があったとしている（大海二〇〇四）。戦後、女性参政権が施行され、投票行動の男女差が論じられることもあったが（寺田一九七四）、なお多くの男性学者は「性別というカテゴリー自体に無関心で、性にかかわらない個人を論じがちだという構造」があった（塩川二〇〇一）。男性の代議士や有権者を通して政治全体を論じることも珍しくなかった。

政治学のジェンダー研究は、どう浮上したのか。学術誌では一九九一年の『レヴァイアサン』の特集「フェミニズムと社会運動」がある。大嶽の巻頭言によれば、「フェミニズムをテーマとした研究が日本政治学においては未だ充分な成果をあげていない」とし、「ここに収録した論文も、そういった意味で、いずれも研究課題を指し示す段階にある」としている。

同特集に登場するのは社会学者や海外の日本研究者であり、いまだ外部からジェンダー研究を摂取する段階にあるといえる。

初めて日本政治学会がジェンダーをテーマに取り上げたのは、九八年大会の分科会「ジェンダーと政治」においてだった。それ以前には、七〇年に政治思想史家・水田珠枝（一九二九～）が報告した「女性解放の思想構造」があったが、分科会としてのテーマ設定は初である。ここで報告者は政治学者の御巫《みかなぎ》由美子、アフリカ政治の遠藤貢《みつぐ》、アメリカ政治の相内《あいうち》眞子《まさこ》が務め、それぞれ日本の雇用均等法や、アフリカとアメリカの政治参加などを論じた。

個別の論点もさることながら、分科会では「従来こうした分科会が日本政治学会において設定されなかったことの背景」が議論を呼んだ（以下、岩本二〇〇一）。御巫は、第一に「日本の政治学における女性への関心の低さ」、第二に「日本女性の政治（議員等）へのリクルートの少なさ」、第三に「政治学者へのリクルートの少なさ」、第四に「日本のフェミニズムの側の関心が「日常的なこと」に向いており、政治への関心が低かった」ことを挙げた。

議論となったのは最後の点だ。これはフェミニズムの成果をどう捉えるかという問題でもある。討論者であった岩本と舘《たち》かおるは「猛然と反論した」。すなわち、「個人的なことは政治的である」というスローガンが示すように、第二波フェミニズムないし日本のウーマンリブは、従来だと私的な関係とされてきた男女の領域にも権力・政治があることを指摘し、政治を議会・行政などに狭く解釈すること、ひいては近代の公私二分論――男性を公的領域に、女性を私的領域に押し込める議論――に異議申し立てを行ってきた。この意味で政治への関心は重大事だったからである。

だが、後日に岩本は「この反論だけでは御巫の提起に十分答えていない」と考えるようになったという。日本のウーマンリブは、確かに公私二分論に挑戦してきたが、狭い意味での政治にも決して無関心ではなかったのではないか。

それでは、日本政治学のジェンダー研究は、どのような成果を残してきたといえるだろうか。ここでは岩本の二つの業績に焦点をあてて辿ってみよう。

政治概念の再解釈

時計の針を戻そう。京都大学の学生だった岩本は、「わけのわからない他人にしかわからない社会の仕組みを、自分でも知りたかった」ことから政治学に進んだ。教授に勧められた国家公務員試験に合格したが面接で不採用となり、翌年、名古屋大学大学院に進学した。田口富久治のもとでフランス行政を研究しながら、並行して学外では人工妊娠中絶をめぐる優生保護法改正反対運動（一九八二～八三年）にかかわり、女性運動家の溝口明代とともに性の研究も進めていた。「ビニール本の研究をしている」と雑誌に書かれたこともあった。岩本は「いつか、性の問題と政治学を結びつけてまとめてみたい」と考えていたという（『クロワッサン』一九八二年四月一〇日号、『名古屋大学新聞』一九八三年一一月一〇日号）。

岩本の初期作品の一つは「政治概念への「女性の挑戦」」である。同論文はグラムシ研究者ビュシ＝グリュックスマンの紹介を通して、政治概念のフェミニズム的再解釈を施すものだ（岩本一九八五）。

若干補足しよう。これまでの政治学は、一部を別とすれば、非政府領域を分析することに成功してこなかった（田村編二〇一九）。そもそも行動論政治学は、政治の動態である権力に照準し、国家論の時代よりも政治の範疇を拡大させてきた経緯がある。権力が個人間の関係を捉える概念だとすれば、工場、教会、家庭にも権力は存在することになる。「権力概念は、通例『政府機関《ガバメンタル》』として世間に知られている諸制度の枠内にとどまるものではない」（ラスウェル一九五四）。だが、実際に取り組まれたのは、依然として政府とその関連領域の研究が大半だった。「政治学者の注意は、権力一般にではなく、政治権力に向けられねばならない」という考え方も支配的だった（イーストン一九七六）。ここには「政治の問題を限定することによって政治学を科学にしようという狙い」があったともいわれる。対象の絞り込みによる厳密化である（樋口・大嶽一九八九）。

事情はマルクス主義も似通っている。経済還元主義からの一部離脱が争点となったミリバンド＝プーランザス論争においてさえ焦点は国家にあった。国家論の復権は国家中心主義の反映でもあった。

だがビュシ＝グリュックスマンによれば、晩年のプーランザスは「国家を超える政治」、「拡大された権力観」の考察を提示していたという。「権力的諸関係は（略）国家をはるかにはみ出している」。権力は文化的アイデンティティ、性、自然との関係にまで遍《あまね》く存在する。階級関係に還元しえない社会の権力、国家・政治の同一視の克服へと進むプーランザスの議論は、女性解放思想の寄与によるという。階級還元主義へのフェミニズムの批判を受けとめた、マルクス主義政治理論の刷新の試みだったとビュシ＝グリュックスマンは評価する。

岩本はこれらを丹念に追跡し、彼女の議論を、西欧マルクス主義における国家論ルネサンスから民主主義論――ないしポスト・マルクス主義（岩本一九九七b）――へと至る潮流の中に位置づける。岩本は「全ての既存の政治概念を問い直す「国家を超える政治」概念を捻りあげる作業を、彼女に対してのみならず、自らの課題として問うていきたい」と結んだ。

同論文は「余り評価してもらえなかった」という（岩本二〇二四）。とはいえ政治概念の再検討を通じて、第二波フェミニズムと政治学の接点を模索したのだった。

岩本は日本政治の研究に進む。折しも八六年、社会党委員長に土井たか子が就任し、女性政治家に注目が集まるマドンナ・ブームが起こった。八七年の統一地方選挙では、地方議会への女性議員の進出状況について、市川房枝記念会が資料集を発行していた。岩本はこの資料集を手に取る。

私は初めて田口先生を囲む研究会で、この資料を元にした発表を行った。〔田口先生に〕自分のやりたい研究をやりなさい、と言ってもらって、「女性と政治研究家　岩本美砂子」が誕生した。（岩本二〇一四）

こうして九七年に『女性学』誌に載せたのが、反響を呼んだ「女のいない政治過程」だ。第二波フェミニズムやマドンナ・ブームの後もなお、諸外国より政策変化が少ないのはなぜか。岩本はここに「女性の公式の政治への参加が排除されてきた構造」を見出す。

同論文は多くの先行研究を参照するが、主たる手がかりは佐藤誠三郎・松崎哲久『自民党政権』とみていいだろう。ここで岩本が試みるのは、自民党、官僚制、利益団体からなる五五年体制をトータルに描き出した『自民党政権』をはじめとした、日本の政治過程論に対する根底的なジェンダー的読み直しなのである。

まず明らかにするのは、日本の政治過程での女性不在だ。それまでも日本の女性議員の少なさは指摘されてきたが（大海一九九五）、六〇年代以降に台頭した族議員については さらに少ないことを指摘する。佐藤誠三郎らの族議員名簿のうち女性はのべ七人（一・二四％）にすぎない。背景には「自民党には一九八〇年から九三年七月まで女性衆議院議員がおらず、参議院議員も連続当選回数が少なかったこと」があるとみる。当選回数が重視される中、男性議員の亡くなった後に高齢の妻（「未亡人」候補）が地盤を継ぐことも減った。

行政では国家公務員全体で女性二一％、課長級以上の幹部は一％である。採用試験、労働条件、人事などを通して、女性排除のメカニズムがあるという。国会対応や予算編成などの長時間労働や、キャリア官僚の転勤は、家事専業の妻を扶養家族とする男性働き手を想定している。性別役割分業をめぐるジェンダー慣行ないし「国家を超える政治」が、五五年体制の政治過程を裏から支えていた格好だ。

社会集団では農協、中小企業、大企業、業界団体、労働組合、宗教団体の幹部に女性はほとんど存在せず、例外は看護職の団体などにとどまる（辻二〇二〇）。労働組合に婦人部があったが、組合本体に反する政党支持はしなかった。「女性の声が反映される仕組みもルートもなかった」のである。

女のいない政治過程②「仕切られた多元主義」再考

かくしてジェンダー関連の政策過程は独特のパターンを形成する。古典的な政策類型論では「政策が政治をつくる」という議論がある。政策の内容が政治過程の対立構造、参加アクター、権力構造のパターンを規定するという（Lowi 1964、大嶽一九九〇）。岩本もこの議論を踏まえて、論文の後半では、女性関連法案がどのような政治過程のパターンをとるかを探索する。

特筆すべきは議員立法の多さである。岩本が挙げるのは、優生保護法（一九四八年）から雇用機会均等法改正（一九九七年）までの一三法案だが、議員立法は半数近くにのぼる。国会で成立する法律は内閣提出法案が八〇～九〇%を占めることを勘案すれば、顕著に高い数字といえる（古賀ほか二〇一〇）。その理由について、同論文のアップデート版では次のように説明する。

ジェンダー関連政策が、なぜ議員立法になりやすいのだろうか。内閣提出法案の場合、内閣・省庁自民党連合体の問題意識からはずれると、課題と認めないという関門がある。他方、女性団体・女性議員のネットワークが課題設定に成功したら，省庁を迂回して国会に提案し、議員提案することが可能だ。（岩本二〇一三）

簡潔な指摘である。前述のように、佐藤誠三郎は族議員の台頭や党の制度化を踏まえて、民意を包括的に吸収する「仕切られた多元主義」の姿を記述した。しかし岩本によれば「女性関連の問題群は、しばしば古い霞が関の組織上の分類に収まらない」。ジェンダー政策は省庁を横断する傾向があり、行政は対応が鈍く、国会では専門の委員会もなく、族議員において「「女性族」はありえなかった」。

日本政治の構造上、女性関連政策は内閣提出法案のルートに乗りにくいというのだ。佐藤の危惧した対応能力の弱化ともいえる。現行の省庁体制はジェンダー政策を抑制してしまう。「仕切られた多元主義」に再考を迫るものだ。

多元主義では、集団間の協調・対立から政治を見ることが一般的である。岩本は、性別で区分された二つの集団に照準する。佐藤が自民党政治の多元性を強調したのとは対照的に、岩本は五五年体制を「男性の代表による政治の寡占支配構造」と捉え直すのである。「五五年体制下の「政官業」の緊密なネットワークとは、有力男性議員・男性官僚・支配権が男性幹部に集中している利益集団の三者によるカルテルであった」。『自民党政権』とその多元主義論に対する鮮烈な読み直しだった。後年、岩本は「コロンブスの卵を立てたようなもの」と述べたが（岩本二〇二四）、男性学者とはおよそ異質な分析を提示したのである。

モデルと実証は両輪である。岩本はその後も優生保護法、ＤＶ防止法、女性リーダーなどのケーススタディを積み重ね、ジェンダー政策を政治過程から捉える仕事に従事していく。日本の多元主義における女性利益の抑制の問題は、後に続く研究者にも引き継がれていった（堀江二〇〇五、辻二〇一三）。

ジェンダーと科学

学界の景色も変わりつつあった。まずはジャーナルである。二〇〇一年、アメリカ政治学会の機関誌 *PS : Political Science & Politics* は日米比較の女性特集を組み、日本側からは岩本の他、大海篤子、御巫由美子、相内眞子、衛藤幹子が寄稿した。岩本はここで八〇年代の女性の政治進出、マドンナ・ブームを紹介している（Iwamoto 2001）。

二〇〇三年には日本政治学会の『年報政治学』が「「性」と政治」を特集した。序論を執筆した政治思想史家の渡辺浩（一九四六～）は、政治のジェンダー不均衡が政治学者の取り組むべき課題であることを論じた（渡辺二〇〇三）。同特集は「政治学会におけるこうした問題への認識を一新させる衝撃力を持った」という（岩本二〇一〇b）。二〇一〇年には岩本が年報委員長となり特集「ジェンダーと政治過程」を組んだ。

誌面以外の取組みも始まっている。日本政治学会では、ジェンダーと政治の研究で知られる三浦まりのイニシアティブで、ジェンダーと政治研究会が設立されたほか、「女性研究者の学会参画に関する検討ワーキンググループ」が設けられた（Steele 2016、日本政治学会二〇〇〇）。男性学者がジェンダーをテーマに文章を書くことも珍しくなくなった（大嶽二〇一七、前田二〇一九）。

科学性も問い直されている。真渕勝がそれまでの研究を集大成して上梓《じょうし》した『行政学』（二〇〇九年）に対し、岩本は短い書評を寄せている。同書で真渕は「本書は可能なかぎり客観的な制度記述と実態分析を行う」、「科学的な記述をする」と強調した上で、「国家公務員採用試験で女子の合格者は増え、合格すれば男子より採用されやすい」と書いた。岩本はこれを批判し、データの取り方や解釈にバイアスがあるとして、一つひとつの数字を挙げた。その意図をこう説明する。

評者は（略）部分的に反論したが、科学的か否かを争うよりも、ある言説が「科学的」とされる仕組みに関心がある。（岩本二〇一〇a）

科学的知識の探求が真にジェンダー中立的なのか、科学史ではつとに議論の的となってきた（ケラー一九九三）。ジェンダーに関する暗黙の前提が、研究デザインや推論プロセスに影を落とす危険から研究者は自由ではない。岩本の問題提起は、科学としての政治学の再考を促すものだ。

この国の政治学は、ほとんど女性抜きで発展してきた。本書のここまでの記述からもそれは明らかだ。だが、それは「広大な研究の未開拓地が待っている」（渡辺二〇〇三）ということでもある。知見の蓄積と問い直しは現在も続いている。

2　実験政治学

ポリティカル・サイエンス

ポリティカル・サイエンスという言葉が、日本語圏で広く流通しはじめたのは一九九〇年代半ばからのようだ。この言葉は何を指すのか。ある意味では政治学そのものである。米国では政治学がpolitical scienceと呼ばれ、日本の学会の英語名称もこれにならったことは前述した。だが、そうした政治学一般とは区別し、特定の研究潮流を片仮名でポリティカル・サイエンス、あるいはポリサイ（Pol Sci）という略称で呼ぶ用例が浸透してきた。

この用語は、サイエンスとそうでないものを対照することから始まる。日本政治研究者の内山融《ゆう》（一九六六〜）は、二〇〇三年のエッセイ「ポリティカル・「サイエンス」？」でこの言葉を用いた。内山は「政治学が「サイエンス＝科学」であることについての確信が持てない」と言い、米国政治学では「科学的方法」が浸透し、日本でもレヴァイアサン・グループらの科学的・実証主義的な政治学が台頭したことを挙げ、「「科学的方法」を自明のものとして受け入れることには抵抗がある」と批判を展開する。サイエンスと対比されるのは、丸山らの「戦後政治学」だ（内山二〇〇三）。

同様のことは「政治科学」にもいえる。日本政治研究者の加藤淳子《じゅんこ》（一九六一〜）は「しばしば、「政治学」を「政治科学」としている例を見かける」と書いている（加藤二〇〇七）。この語は古くは吉野作造や南原繁にもみられるが、二一世紀ではポリティカル・サイエンスと類似したニュアンスで用いられる。

もとより先例はある。八二年に『政治科学の先駆者たち』を書いた吉村正は、政治哲学から区別された政治科学を「ポリティカル・サイエンス」と表記し、その日本での起源を草創期の早稲田大学に求めた（吉村一九八二、内田一九八四、中野二〇一四）。松下圭一は、八三年の鼎談《ていだん》で「ポリティカル・サイエンスとポリティクスは違う」と言う。前者は「政治を外からみる」もので論証的知識に属し、後者は政治哲学や政治思想とも言い換えられ、イメージ造出能力が中核になるという（松下ほか一九八三）。この考え方は、もともと六八年の教科書『現代政治学』で提出されたもので、米英の動向を踏まえたものだろう（松下一九六八）。八八年の丸山眞男らの研究会では、松沢弘陽がポリティカル・サイエンスとポリティカル・セオリーという対比を用いている（丸山ほか二〇二四）。

この時期、ポリティカル・サイエンスという言い回しが出始めたことは、やはり八〇年代の「新しい流れ」が関わっているだろう。政治から距離をとり、実証的な研究を掲げるグループの登場は、政治学の諸潮流を腑分《ふわ》けするための新しいカテゴリーの必要を生んだものとみることができる。

当時、すでに旧来の行動科学、近代政治学、マルクス主義という三区分が事実上崩れていたことも重要である。戦後、次第に行動科学の思考法は広まったが、六〇年代末に生じた脱行動論の混乱を経て名称としては廃れた。マルクス主義は力を失い、敵手の近代政治学も呼称としての意味を失っていた。この空白に現れた新潮流が、サイエンスの担い手として名指されたのである。

テキスト革命

一つの画期は、一九九六年春、政治過程論研究の伊藤光利（一九四七〜）が編者となった教科書『ポリティカル・サイエンス事始め』の刊行である。同書はポリティカル・サイエンスを冠する日本語で最初の出版物だ。

この書名は、出版社主導の「テキスト革命」と不可分である。九〇年頃から複数の出版社では、従来の難解な教科書にかえて、学生むけの読みやすく面白いテキストづくりを始めた(佐藤ほか二〇一一)。昔のように教員が講義ノートを口述し、学生が咀嚼《そしゃく》・整理する講義形式が困難になっていたという(加茂二〇一二)。

新たなタイプの教科書では有斐閣《ゆうひかく》のアルマ・シリーズがよく知られているが、同社は先行して『ソシオロジー事始め』(中野編一九九〇)を出している。親しみやすい書名にするため、カタカナとレトロな言葉を採用したという(大前二〇〇三)。同書はヒットし、「事始め」シリーズの三冊目が『ポリティカル・サイエンス事始め』だった。

従って、同書でいうポリティカル・サイエンスは、基本的に政治学の言いかえである。序章には次の説明がある。

●ポリティカル・サイエンスとは?

(略) 本書はよく出版されている政治解説物とは違う。(略) 学問的にいうと、抽象化、一般化、比較などをしている。別の言葉でいうと「科学している」わけだ。本書のタイトルにあるポリティカル・サイエンスとはいうまでもなく「政治を科学する」、「政治科学」の意味である。

(伊藤編一九九六)

対比されるのは「政治解説物」であり、旧世代への対抗を前面に出してはいない。だが「抽象化、一般化、比較など」による科学の特徴づけは、方法に重きをおく当時の研究潮流を反映する記述でもあった。

政治学を科学として強調することは、学生よりは学者にインパクトがあったかもしれない。KKVが「「科学的」という言葉には、不当で不適切な意味があったり、一部の定性的な研究者を怒らせるような意味合いが含まれる」と述べたようにである。当時、科学という言葉は、社会を外部から数量的に観察するイメージがあり、文献解読による記述的研究だけでなく、権力や支配といった政治学の伝統的概念をも捨て去るような響きをもった。

九六年秋、日本政治学会に登壇した松下と政治思想研究者の川崎修（一九五八〜）は、政治科学への傾斜に警鐘を鳴らした。規範的理念を問い、全体社会モデルを提起することを課題とする政治理論と、政治科学との没交渉化が進行しているという（松下一九九八、川崎二〇一〇）。伊藤はこれに「社会に「貢献」できる何かが社会諸科学にあるとすれば（略）社会の的確な自己認識の提示にあるのではないか」と反論している（伊藤一九九九）。このような懸念の高まりは、かえって政治科学が主流になった傍証といえよう。

用法は広まった。二〇〇五年からは、河野勝と真渕勝が監修するポリティカル・サイエンス・クラシックスの刊行が始まっている。同シリーズは欧米における「現代政治学に大きく貢献し、また将来にわたってもその発展に寄与し続けるであろうと思われる代表的な研究業績」の邦訳である（「刊行にあたって」）。二〇二〇年の『ポリティカル・サイエンス入門』では、ポリティカル・サイエンスを政治学内部のアプローチの一つとしている（坂本・石橋編二〇二〇）。

日本語でいうポリティカル・サイエンスが何であり、何でないかは依然として共通見解を欠いていたが、その典型とされた研究潮流のイメージは強固にあった。二〇〇〇年頃から急速に台頭し、あたかも科学の真打ちのような外観をもった実験政治学がそのひとつである。

政治学で実験できるか

政治を対象とした実験は可能なのか。実験が自然科学を大きく進展させてきたことは衆目の一致がある。だが、多くの社会科学者と同じく、政治学者も実験は困難と考えてきた。早くも一九〇三年には、日本初の体系書である『政治学大綱』で、小野塚喜平次は「試験的に実験を為し得る場合少《すくな》し」という点を学の特徴に挙げていた。物理学や化学とは異なる条件性が「政治学の困難」を招くというのである。

同様の見解は枚挙に暇《いとま》がない。戦前、蠟山政道は「社会現象の研究には自然科学の場合の如く実験室裡の研究と云ふやうなものがあらう筈がない」ので、現実の観察、調査、報告が重要になると言う（蠟山一九三三）。戦後にも、猪木正道は「政治の世界では、自然科学の場合のように、実験を行うことは、ほとんど不可能である」ため、政治史の知識が主な研究素材になると述べる（猪木一九五六）。

なぜ実験できないのか。確かに、実験室内で複雑な民主主義国家の政治過程をありのまま再現できないのは自明だが、技術的問題を超えた壁もある。丸山眞男は一般向けの講演でこう説明している。

実験ができないということは、社会科学の致命的な欠点なんですね。実験して失敗したらエライことになりますからね。革命が一番ひどいんだけれど、大犠牲でしょ。自然科学の場合は実験室で実験すればいいんだから。（丸山ほか二〇〇八）

社会の実験は大きなコストを払う。革命を例にして、丸山はくりかえしそう説明する（梅本ほか二〇〇二、丸山二〇〇九）。ここでいう実験は、物理学や心理学の実験室実験とは大きくイメージが異なる。ロシア革命が「世紀最大の実験」と呼ばれ、アメリカが「民主主義の実験場」と呼ばれたように、しばしば政治的実践に近い意味で用いられた。政治の「実験」

には、革命の血なまぐさい記憶がまとわりついていた時代である。

革命とまで言わなくても、実験政治学の先駆者の一人である白鳥令《れい》(一九三七〜)は、政治は「未来を選択する行為」であるから、政治実験は個人や社会に対して結果のわからない影響を与え、危険が大きいと述べる。「人間に政治的な実験を行うことは、かれを多かれ少なかれ人間ではなく道具として扱うことになる」(白鳥一九八三)。これは研究倫理の問題である。

とはいえ、実験そのものが否定的に理解されたわけではない。丸山は、懐疑の精神と並んで「実験の精神によってこそ、文明も学問も進歩する」という福沢諭吉の論を共感をこめて紹介している(丸山一九八六)。ここでは実験の観念は拡張され、プラグマティズム的な仮説型思考や試行錯誤の考え方とも結びつき、西欧文明を推し進めた近代科学の精神としてさえ解釈されている。ただ、政治学で自然科学のような実験が可能であるとも、無理に実行することが望ましいとも思われなかったのである。実験の不可能性は、科学としての政治学にとって躓《つまず》きの石だった。

黎明

長い黎明期《れいめいき》がある。米国では一九二六年にハロルド・ゴズネルが行った、郵送ハガキによる投票呼びかけの実験に遡る（Gosnell 1927）。どのような刺激が投票を促すかを探求する先駆的研究である。だが当時の研究者たちは、政治の実験に対して「沈黙を守っている」のが大勢であった（メリアム一九九六）。

他方、心理学では一九世紀から実験研究が行われており、方法的な蓄積があった。社会心理学ではニュース視聴などのメディア効果の研究潮流があり、日本で初期の実験研究が手がけられたのも社会心理学者の助力抜きには考えられない。

白鳥令実験室実験（白鳥・田中一九七〇）

一九六九年一〇月、先に触れた白鳥令は、社会心理学者の田中靖政（一九三一～二〇〇六）と「政治の世界における実験的手法の可能性」について話し合っている。その二ヵ月後に控えた衆議院選挙では、初めて全国でテレビ政見放送が開始されることになっていた（ＮＨＫ編一九七七）。高度成長期のテレビの普及は、大衆文化を大きく変え、政見放送もそれまでのラジオからテレビへと場を移した。だがテレビ政見放送には、候補者イメージの先行する「テレビ選挙」「イメージ選挙」を招くという声も強かった（田中一九七四）。テレビが有権者の行動をどう変えるかは未知数だった。白鳥たちは、政治関係のジャーナリストと学者のつくる国民政治研究会の協力を得て、「テレビ政見放送の選挙に与える影響」を主題とする実験を行った。

白鳥と田中の実験では、七三人の主婦、学生、勤労者が集められ、実験室のテレビ・モニターで政見放送を視聴し、候補者の印象について「良い」「悪い」のボタンを押し、視聴前後の変化が検討された。掲載した写真はその様子である。その結果によれば、テレビ政見放送は「支持なし」層を特定候補者の支持に向かわせるなど、限定的であれ効果をもつことがわかったという。

彼らの研究は、いわゆる実験室実験に分類される。倫理面では探り探りだったらしく、被験者には全ての政見放送を平等に見せる配慮がされている。「実験の影響によって結果に偏りが出ると考えられる種類の実験は、いかに意義のあるものでも決して行なうべきではない」というのが白鳥の信念だった（白鳥・田中一九七〇）。

田中の指導を受けた平野浩（一九五九〜）もまた、白鳥の研究を踏まえて、八六年選挙に際して実験研究を行っている。ここでも素材はテレビ政見放送である（平野一九八八）。白鳥らの試みはあまり注目されなかったが、実験政治学の可能性を示すものであった。

因果推論革命

ところで、なぜ実験を用いるのか。白鳥は「これまでの研究方法に欠陥がある」と主張する。従来の投票行動研究は、すべて面接やアンケートなどの調査を基礎としていたが、調査ではテレビ視聴などの「ある特定の変数が特定の行動にどう影響をしたかを知ることができない」。被調査者から投票理由について然々《しかじか》の回答を得たとして、それが真の原因であるかは別問題である。そこで実験の長所が生きてくる。

実験的手法は、環境を操作することによって他の条件を一定とし、そこに特定の条件を加えたりそれを変化させたりすることによって、全体としてのその人間の行動がどう変化するかを見ることができる。（白鳥・田中一九七〇）

実験は、調査に比べて「いかなる原因がその態度変化をうみ出したか」、つまり因果関係をより直接的に観察できるという。社会調査とは異なり、実験では研究者が「操作しうる変数」という条件があるからだ（白鳥・田中一九七〇）。

こうした因果分析上の利点は、調査研究者の一部にも認識されていた。白鳥実験の三年前に書かれた三宅一郎らの『異なるレベルの選挙における投票行動の研究』である。同書は調

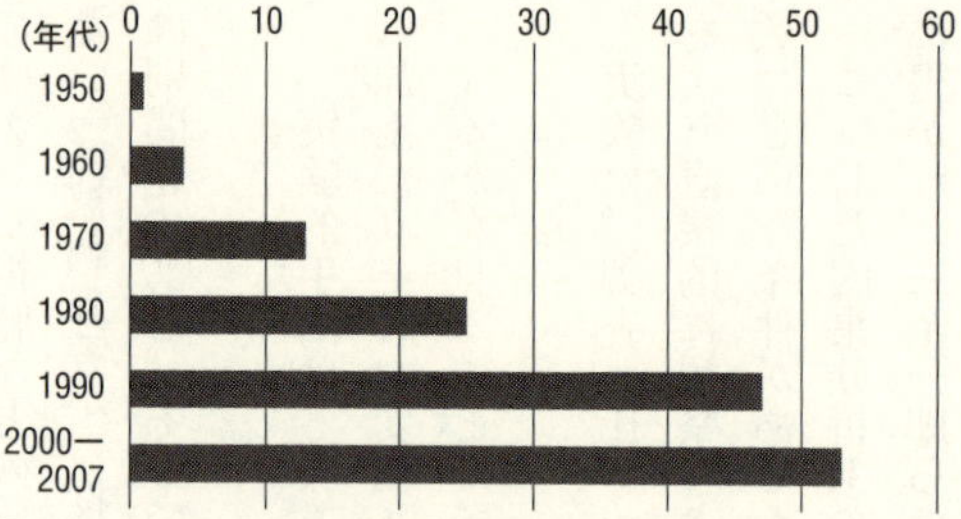

図９　アメリカ主要政治学雑誌における実験論文の本数
（谷口2014）

査研究の典型だが、「要因間の関連構造を示せても、その因果構造を示すものではない」と注意を促していた。因果関係は相関関係を手がかりに推定せざるをえなかったと三宅は率直に吐露している。「この場合にも厳密にいうと、実験的研究などの他の方法を併用しなければならない」と（三宅ほか一九六七）。

　実験は、当初から因果分析という目的と結びついていたわけではない。実験概念の外延は定まっていなかった。米国でも、一九八〇年に米国の政治学者ロバート・アクセルロッドの行った、「囚人のジレンマ」と呼ばれる仮想状況でのコンピュータ・プログラムの実験がある。これは実験と呼ばれていても、よりよい行動モデルを探索するもので、因果分析が目的ではない。だが次第に、実験の観念は因果関係の抽出を軸に収斂し、アクセルロッドのようなシミュレーション研究は、今日では実験とは区別されるようになっている。

　実験的手法による因果分析の強みは、その後大きく注目された。九〇年代以降、米国では実験アプローチが急増している。米国の主要な政治学雑誌三誌における実験論文は、九〇年代から二〇〇七年の間に一〇〇本程度となり、過去三〇年間の合計数の倍に至っている（図9）。日本でも二〇〇〇年代から次第に増加した（谷口二〇一四）。

興隆の背景には、「因果推論革命」と呼ばれる潮流変化があったといわれる（粕谷二〇一八）。因果推論が重視され、実験研究は政治学の最前線へと躍り出ることになったのである。

フィールド実験と世論調査実験

実験のバリエーションも広がった。社会心理学や経済学からさまざまな手法が導入され、実験研究の多様な展開を後押しした（谷口二〇一四、飯田二〇一七、松林二〇二一）。

まずはフィールド実験である。これは現実社会（フィールド）で実際に生起するイベント（選挙など）の文脈で実施する。実験室の理想的な環境とは違い、条件や環境の統制には困難が伴うという内的妥当性の問題を抱える一方、実験環境にリアリティがあるため、他の場面にも一般化できる外的妥当性を期待できる。

また、政治学者にもなじみの深い質問紙調査や、オンラインの調査に、実験的要素を組み込む世論調査実験（サーベイ実験）も浸透した。異なる回答者グループに異なる質問文を与えることで、回答の差異がどう現れるかを比較するものである。

日本で二〇〇〇年以降の実験研究の皮切りとなった、政治行動論の谷口尚子《なおこ》の論文もまた、社会心理学の知見を応用して、質問紙調査に実験を組み込んだものである。現実の市民団体とそこから派生した地方政党を対象として、成員にそれぞれ条件の異なる質問票に回答してもらい、選挙運動への非協力者すなわちフリーライダーが生じやすい条件を明らかにするものだった（谷口［鬼塚］二〇〇〇）。また、投票啓発活動が実際にどれくらい効果をもつのかのフィールド実験も行われている（松林二〇二三）。

この他にも自然実験と呼ばれる手法もある。分析対象の変数以外の条件が等しくなるような事例を比較するものである。政策や自然災害のような研究者がコントロールできない要因についても、この有無による事例間の比較検討を行うものだ。条件に当てはまる事例を探す困難がある一方、研究者の介入がないため倫理面の制約は少ない（福元二〇一七）。また、実験室実験についても、脳科学を応用した脳画像撮影を用いたもの（蒲島・井手二〇〇七、井手二〇一二）や、選挙区定数に応じて候補者数が収束することを示す「M＋1の法則」を検証しようとするもの（黒阪・肥前・芦野二〇一四）など、多岐に展開している。

中でも特に伸長したのは、フィールド実験や世論調査実験だろう。後者はインターネットの普及による実施コストの低減もあり、分析対象は拡大した。実験研究を精力的に開拓した堀内勇作・今井耕介・谷口は、世論調査実験やフィールド実験による知見の方が「実験室実験によるそれに比べ、抵抗なく受け入れられている観がある」と書いている（堀内・今井・谷口二〇〇五）。堀内らが指摘するように、「政治学は現実政治へのインプリケーションを重んじる学風があること」が、こうした傾向を後押ししているかもしれない。

規範理論との協同

政治科学と規範理論を架橋する試みも現れている。規範的な政治理論による問題提起を受けとめ、理論家と実験家が協同して課題にあたるもので、熟議民主主義の実験がその好例だ。熟議民主主義は、規範的な民主主義モデルの一つである。従来的な意思、利益、選好を単に集約する「集計民主主義」とは異なり、人々のあいだの熟議を通して、選好そのものが変化することを重視する（田村二〇〇八、二〇一七）。

たとえば世論調査は、あるトピックについて市民の「生の声」を集めることが可能だが、十分な資料や情報が与えられ、討論する機会を経た後の方が、より深い民意を測定できる可能性がある（討論型世論調査）。ミニ・パブリックスと呼ばれる小規模な討論会の開催によって、経験的にこれを確かめる実験が九〇年代から各国で行われてきた。

日本でもこの動向は二〇〇〇年代から注目を集めた（篠原二〇〇四、曽根二〇〇七）。初期のものとして、公的年金制度を議題としたミニ・パブリックスの実践例がある（若尾二〇〇〇四）。実験に応募のあった大学生等が被験者となり、公的年金制度の資料や新聞記事を読み、小グループでの討論や専門家との対話を行った後、アンケートを取ったところ、政策の知識は増加し、政策の選好は個人的なものからより「公的なもの」に移行したという。

さらに大規模なものとして、投票行動研究の田中愛治《あいじ》（一九五一〜）や現代政治理論の齋藤純一（一九五八〜）らが行った熟議と熟慮の比較実験がある（田中編二〇一八）。ある県の有権者名簿から無作為抽出を経た数百人の参加者を対象に、ミニ・パブリックスで熟議を行う群と、CASI方式で回答者に熟慮を促す群に分け、現れた民意を比較対照するものだ。CASI（Computer Assisted Self-administered Interview）とは、モバイル・コンピュータを用いて回答者が自記する方式で、社会的望ましさバイアスを抑制するよう田中らが開発した手法のことである（日野・田中編二〇一三）。処置の長期的効果を探るため、数ヵ月後に追跡調査を行うなど、入念な調査設計と分析を行うものだった。

他にも、政治思想家ハンナ・アーレントの「同情」と「憐れみ」の議論を手がかりに、他者への支援の動機づけを世論調査実験で明らかにするものや、政治哲学者ジョン・ロールズの「無知のヴェール」論を実験で検証するものなどがある（河野・三村二〇一五、Inoue, Zenkyo and Sakamoto 2021）。政治学の専門分化の進行は、かえって異分野との研究協力の必要を増すのかもしれない。

方法の先導

実験研究は次第に定着した。日本選挙学会の機関誌『選挙研究』が「実験政治学」を特集した二〇一四年から、この勢いはさらに増している。小野塚が実験の困難性を述べてから約百年、この方法上の革新は政治学の実践を変えつつある。

丸山や白鳥の案じた「人間に政治的な実験を行うこと」の問題が忘れられたわけではない。研究倫理の要請から、実験デザイン上の制約は依然としてある。そもそも、実験であれ調査であれ、政治学が人や社会を対象とする学問である以上、倫理の問題から原理的には逃れられない。むしろ、どのような形ならば対象への介入が許容されるか、言いかえれば社会の中で科学する条件について、意識的に検討されるようになったといえる。

この大きな流れは、実験という具体的方法に端を発するのが特徴だ。河野勝は『社会科学の実験アプローチ』でそのことを述べている。

今日の社会科学が経験している転換は、社会科学で用いられる方法と、方法についての理解、すなわち方法論によって導かれている点が画期的である。つまり、今日の社会科学では、分析手法の標準化が著しく進み、方法論としての共通した理解が分野の垣根を超えて共有されるようになっている。

（河野二〇〇七）

従来のように理論、モデル、資料、視角などの新規性によって学説が更新されたのとは違い、ここでは方法が先導している。方法に導かれた（method-driven）研究は、いくつか重要な利点がある。分野や立場の異なる学者との研究協力を促すだけでなく、後続世代にとっても継承を容易にする。理論やモデルの存在を後退させる危険がある一方、知見の累積的発展を加速化させる可能性をもつ。

こうして、実験という強力な武器を手にした政治学は、一挙に科学としての装いをアップデートした。ランダム化比較試験――研究者がランダムに処置を割り当てる手法――が科学での因果分析の標準的方法とされたこともあいまって、実験はポリティカル・サイエンスの中心的な担い手となっていく。

ただ、二〇〇〇年頃から台頭したこうした潮流を「サイエンス」と呼ぶことは、誤解を招くものだったかもしれない。先行世代への批判や、新たな分析方法の追究を行うなかで、「サイエンス」が探究のシンボルとして改めて選択された形ではある。だがこの呼称は、旧来のアプローチが非科学的とする含みをもってしまい、混乱のもとになる。同時にそれは、占領期以来、科学を希求してきた政治学の歴史を見えにくくするものでもあった。

終章　何のための科学

二つの学会風景

一九九八年、日本政治学会の創立五〇周年大会は、共通論題を「誰のための政治学か？――政治学教育の意義と方法」とした。政治学教育を起点としてこの学問を反省的に捉えようという試みだ。企画委員長の渡辺浩は、趣旨について「本学会会員の多くは政治学研究者であると同時に政治学教育者です。しかし、その面に着目しつつ政治学のあり方について反省し議論する機会は、年次研究会ではあまりなかったように思われます」としている（渡辺一九九八）。

教育もさることながら、企画では政治学のあり方が注目された。登壇者の一人は、政治意識や選挙の研究で知られる小林良彰《よしあき》（一九五四〜）である。小林はもともと、学生時代にミゲル・デ・ウナムーノなどの南欧の政治思想で卒論を書き、その後はジョン・ロールズなどの政治哲学を論文のテーマとしたこともあり、「政治学とは、本来、われわれ、一人一人が持っている主観的な理念と分析枠組から出発するもの」と考えていた（小林編一九九一）。このため、一部の政治学者の間に生じていた、実証重視と価値重視の考え方の対立を憂慮していた。そこで、政治学の意義と方法がどう考えられているのか、日本政治学会の会員の調査を行ったのである。

調査が刺激的だったのは、「政治を研究する際に、研究者の価値観を持ち込むのはアカデイ《ママ》ミズムではない」という意見をどう思うかなど、研究者の価値観にかかわる設問を多く含んだからだ。その調査結果によれば、「若年層ほど、自分が政治を研究する際に価値観を意識する割合が少ない」ことが分かったという（小林二〇〇一b）。壇上の小林は会員に向けて、実証研究でも研究者の価値観は不可分であり、「価値中立性という名目で没価値による政治の現状維持を肯定していないか」と問題提起した。

調査は論議を生んだ。二年後の二〇〇〇年研究大会、共通論題の一つが「政治学の意義と課題――政治学は、人の役に立ってきたのか？」と設定された時、企画委員は次のような依頼状と趣旨説明を登壇者に送付したという。

> ……最近、若い世代を中心に、「政治学に価値観を持ち込むのは、アカデミズムではない」という考えが広まりつつあり、またそうした研究が増えつつあるように思います。

……このため、日本政治学会においても、価値観を排除すべきなのかどうか、そして、そうでないとしたら、これまで各分野において「どのような意義のある研究がなされてきたのか」、またこれから各分野において「どのような目的のために研究をなすべきなのか」を議論したいと思います。（鷲見二〇〇一）

反応は一様でない。学会当日、登壇した政治思想史家の鷲見《すみ》誠一（一九三九〜）は、研究者のよって立つ観点に価値判断は不可避であり、「「没価値性」がアカデミズムであると思っている若い研究者が増えてきたとするならば、われわれの政治学教育が間違っていたことにな」ると警鐘を鳴らした（鷲見二〇〇一）。比較政治学の現状を報告した小野耕二（一九五一〜）は、この研究大会を踏まえて、学問の発展のためには、実践的課題に取り組む「政治学の実践化」が必要と主張するようになった。「政治学 political science には、科学としての厳密さと公共的有意性 public relevance の双方が必要である」との考えからだ（小野二〇〇一、二〇〇六）。

論議は、政治学の意義や目的へと波及していった。政治研究は価値観を排除すべきなのか、それが可能または望ましいのか、そもそも政治学は何のためにあるのか――。古い解決済みの問いではなかった。

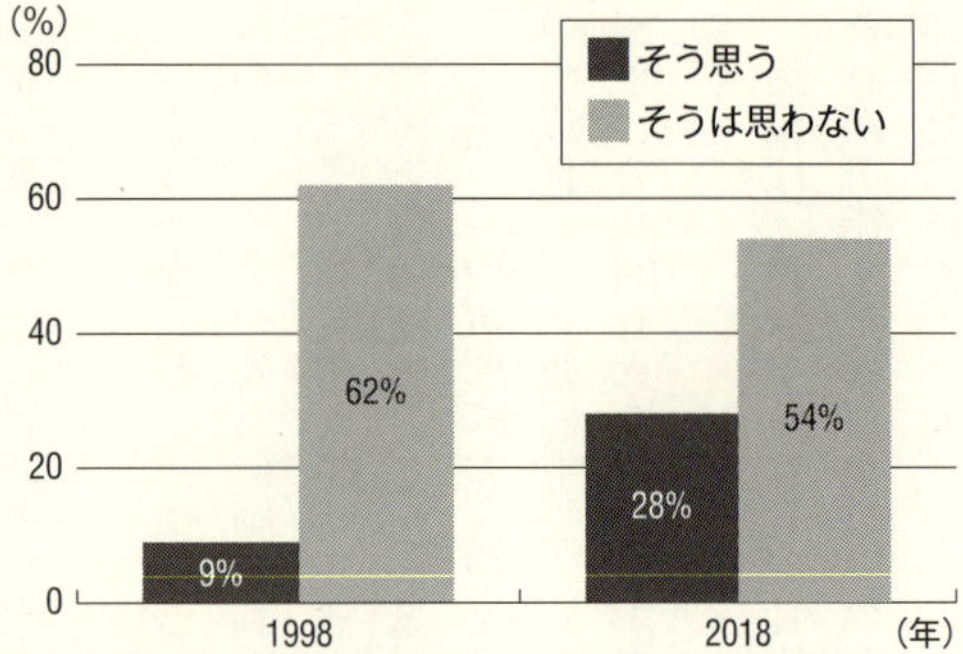

図10 「価値観を持ち込むのはアカデミズムではない」

日本政治学会会員調査①価値観とアカデミズム

政治学は何のためにあるのか。一致した見解はないが、おおまかな傾向はある。二つの調査を参照してみよう。

一つは先の小林の調査である（小林二〇〇一b）。小林は、日本政治学会会員の常勤研究者の中から専門分野、地域、年代に偏りが生じないように一一五人の研究者を無作為抽出し、郵送調査を行った。回答は七六人であった（回収率六六％）。以下、九八年調査と呼ぼう。

もう一つは、二〇一八年に筆者が日本政治学会会員に行った「政治学研究のあり方実態調査」だ。全会員のうち住所不明者を除いた一四一三人に調査票を郵送し、三三八人から回答を得た（回収率二四％）。質問文はできる限り九八年調査を踏襲している。回答者の年齢、性別、専攻分野は、実際の会員分布とほぼ変わらないことを確認している。これを一八年調査と呼ぶ。

両調査は標本抽出法が異なり、厳密には比較に困難が伴う。だが、ここでは両調査のデータはともに会員全体を代表するものと考えよう。

まず価値観の問題をみよう（図10）。「価値観を持ち込むのはアカデミズムではない」という見解に対し、「そう思う」「どちらかといえばそう思う」とする回答は少数派だが、この二〇年間で一九ポイント増えた（九%→二八%）。その反面、「そうは思わない」「どちらかといえばそうは思わない」は八ポイント減少している（六二%→五四%）。両回答の人数差は縮まりつつある。なお、いずれの増減も統計的に有意な差がある（カイ二乗検定。有意水準は五%、以下同じ）。

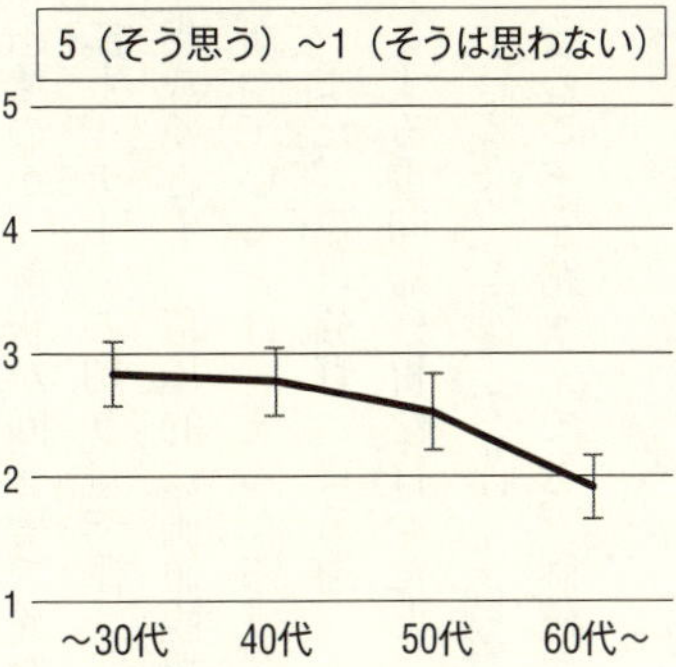

図11　年代別回答　(2018年)

年代別にみると、九八年調査での傾向は不明瞭だが、二〇一八年調査では若手ほど「そう思う」の割合が年長者より多い。「そうは思わない」から「そう思う」までの五段階の平均値をとると、六〇代以上では平均二（どちらかといえばそうは思わない）となったが、若手では三（どちらでもない）に近く賛否は拮抗している（図11：エラーバーは九五%信頼区間）。

若手のあいだで没価値化が広がっているのか。そう解釈するのは早計だろう。「価値観を持ち込む」とは何を指すのか、解釈が回答者で異なる可能性がある。特定の規範的主張を直接提示すること以外にも、テーマの切り口や概念設定の仕方に、研究者の関心が自然と反映されることはある。少なくとも、積極的に価値観を「持ち込む」ことは避けるべきだという、研究上の建前が広がっているとはいえるだろう。

また、専攻分野による違いもある。一八年調査について年齢、性別、専攻分野を独立変数とする重回帰分析を行ったところ、年配であるほど、また、政治思想・政治理論の研究者ほど、「そうは思わない」と回答する傾向が有意に高かった。分野でグラデーションはあるが、そのことを踏まえても、価値観との関わり方の世代的な変化がわかる。

日本政治学会会員調査②政治学の目的

次に政治学の目的である。「政治学は何のためにあるのか」を自由回答方式で尋ね、回答内容を「理念の追求」、「現状の分析」に言及しているか否かでコーディングした（小林二〇一一b）。たとえば前者は「望ましい社会の実現に貢献すること」、後者は「権力の実態を明らかにすること」といった回答が考えられる。

結果は対照的だ。「理念の追求」と「現状の分析」は、九八年調査ではともに五九％だった。しかし、一八年調査では「理念の追求」が有意に減少したのに対し、「現状の分析」は

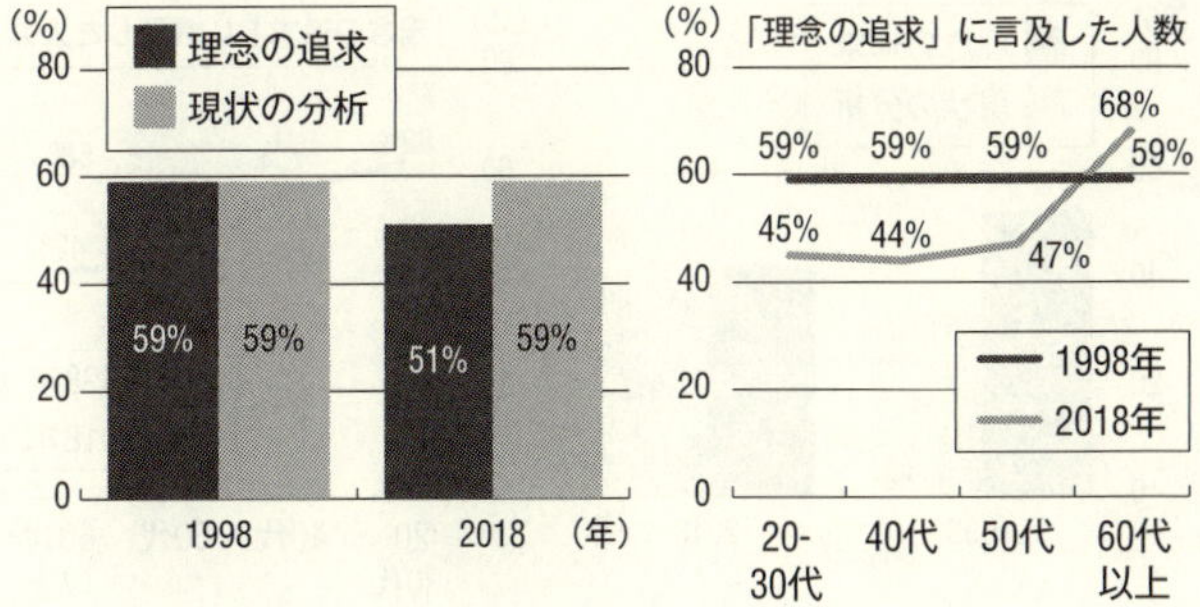

図12　「政治学は何のためにあるのか」

横ばいで有意差はない。紙幅の制約上、ここでは「理念の追求」に絞って検討しよう。

どういう人が「理念の追求」に言及しているのだろうか。まずは年齢である。九八年調査によれば、年齢は「理念の追求」への言及頻度と関連がみられなかったという（図12では五九％で一定としている）。これに対し、一八年調査では五〇代以下が低調で、全体を押し下げている。年齢、性別、専攻分野を独立変数とする回帰分析を行ってみると、一八年調査では年齢のみが「理念の追求」の言及頻度と有意に関連していた（ロジスティック回帰分析）。つまり、若手・中堅層で「理念の追求」と回答する人数が減っていることになる。

他方、専攻分野との関連はあまり明瞭でない。九八年調査では、行政学・地方自治や比較政治・国際政治の分野で、「理念の追求」が多かったと報告されている。だが、一八年調査で分野間の有意差はなかった。

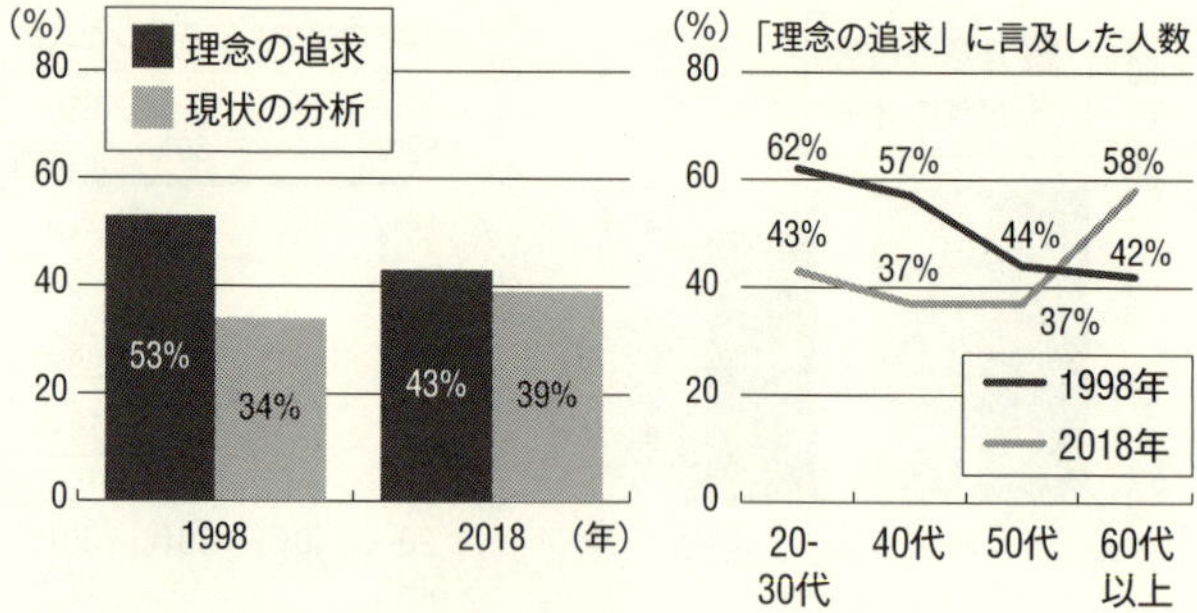

図13 「あなたは何のために政治学を研究しているか」

日本政治学会会員調査③何のために政治を研究するか

続いて、「あなたは何のために政治を研究しているか」という質問を行った。学者個人の動機を問うものである。得られた回答は、先と同じ要領でコーディングした。

ここでも、「理念の追求」は二〇年間で有意に減少している。「現状の分析」は微増したが、統計的に有意ではなかった。回答を年代別にみると、図13では、九八年調査と一八年調査で傾向に大きな変化があるようにみえる。だが、一八年調査で回帰分析してみると、年代で回答に有意差はない。専攻分野でも同様である。にもかかわらず、全体としては「理念の追求」は減少していることになる。

つまり、政治学の目的としても、研究を行う動機としても、「理念の追求」は後退している。だが、個人の研究動機としては、依然として「理念の追求」が多くなっている。これをどう解釈すべきだろうか。残念ながらこれ以上のことはわかっていない。

なお、調査では他に「市民の育成」や「政治家の育成」に言及しているかもコーディングしたが、九八年の時点で「市民の育成」の回答は少なく、「政治家の育成」はほとんど言及がない。一八年調査でもこれは同じである。

いずれにせよ、政治学の目的、研究者の目的についての認識は、二〇年間で多かれ少なかれ変化している。過去百年の間では、さらに大きな波を経験してきたに違いない。それは結局のところ、政治学とはどのような学問なのか、その自己規定の移り変わりを反映している。

最後にひとつ付け加えよう。調査では「尊敬する政治学者」を三名まで訊いていた。九八年の最も多かった回答は丸山眞男、次いで三宅一郎が続き、この他に松下圭一やアメリカ研究者の斎藤眞《まこと》（一九二一～二〇〇八）の名前があがったという。一八年調査では、丸山がかわらず最多の回答を得て、村松岐夫、大嶽秀夫、升味準之輔らが続いている。一九九六年に没した丸山は、一八年調査時には逝去から二二年を経ていたが、依然として日本の政治学における存在感があることを物語る。政治学は変わっても、この点はいまだ変わりそうにない。

科学史としての政治学史

丸山眞男の「科学としての政治学」から七七年、政治学は大きく変化した。戦後日本の政治学は、反発を内部に含みながらも行動論を徐々に受容し、マルクス主義の成果を一部摂取しながら、やがて今日のポリティカル・サイエンスへと姿を変えてきた。丸山の言う研究者の内心における緊張よりは、方法の洗練によって、知見の頑健性を支えることが確立してきた。分析の精緻さは過去の比ではない。だが、本書で見てきたように、この学問の歴史は、学説の変遷だけでは語り尽くせない。

なにより、「科学」という言葉に込められた観念が移り変わってきた。明治・大正期に法学から自立し、独立した「科学」を目指した政治学は、占領期になると、「現実科学」の確立を志向した。民主化にむけて求められた「科学」とは、戦前の観念論から脱却し、現実政治を研究の対象とすることだった。一九五〇年代中頃には、行動科学の刺激をうけ、理論やモデルの構築が「科学」に欠かせないと考えられた。八〇年代に「実証研究」が謳《うた》われた頃からは、仮説の検証や、適切な資料やデータを用いた実証が「科学」として捉えられた。九〇年代になると、「科学」とは方法であり、その目的は推論だとする考えが広まった。これらは同じ「科学」の語が使われていても、その力点は少しずつ、あるいは質的に異なっている。

研究の環境も変わった。学者間の連絡や協力を促す全国学会が組織され、今日まで長足の発展を遂げた。学会大会では、折々の関心を反映したパネルが設けられている（待鳥二〇二三)。計算機についても、手回し式計算機の時代から、大型計算機における分析プログラム、そしてパーソナル・コンピュータへと発展した。さらに、データ・アーカイブが整備され、データの二次利用も進んでいる。

それればかりでない。現実政治との関わり方についても、政治指導者や市民に直接語りかけることの他に、政治から距離をとり学問の自律性を保つという考え方や、超党派の提言団体で発信すること、因果関係の知見を生産・提供することなど、時代や学者によってさまざまな模索が行われた。政治学者の役割とは何か、その捉え方は歴史的にみて一枚岩ではない。

以上はそれぞれ独立した事象であるが、相互に関連してもいる。どれほど先駆的な研究であっても、その基盤となる制度や資源、学問の消費者たる受け手と無関係ではいられない。適切な研究規範の発展や、研究環境の整備、社会との関わり方は、探求を支える外的条件として働いている。学史の断絶にみえる大きな進歩も、実のところ、こうした過去の研究実践の積み重ねによっている。

学問の累積的発展を辿ろうとする時、学説の蓄積だけを見ていては、こうした余剰がこぼれ落ちてしまう。学説を手際よく要約し、時系列に並べれば学史として十全かといえば、そうとはいえない。学史とは学説の歴史である以上に、学問そのものの歴史でもある。これを科学史としての政治学史と呼ぶこともできよう。

科学の理念

本書の出発点の一つは、学問は発展するという近代科学に特有の学問観だった。蠟山政道が『日本における近代政治学の発達』という書名をつけた時、この国の政治学が歴史的に発達してきたことについて、強い確信があったに違いない。その意味では、本書も蠟山と同じ観点に立つ。

だが、それは非科学から科学への単線的な発展史というよりは、もっと錯綜した過程である。科学の理念は、ある時点で完成する建造物よりは、不断の発展と再構成を求める民主主義のそれに近いのではないか。累積的発展が科学の本質だとすれば、科学としての政治学もまた、ある特定の時代、世代、学派の研究者や、特定の方法、手続きによる占有物というよりも、科学であろうとし、過去連綿と続いてきた試行のプロセスのうちに現れるものと考えることもできよう。

学問の進展には負の側面も伴う。ここまで見てきたように、政治学はさまざまな課題を抱えている。分析手法の向上の果てに、政治学が退屈で魅力の欠けるものになったという、「政治学の悲劇」を見出す主張もないわけではない（Ricci 1987）。

この学問が社会の自己反省装置として、十分な役割を果たしてきたのか、性急な結論を出すべきではないだろう。本書は、戦後日本の政治学を舞台とした、私たちの社会についての知識の形成史を辿ってきた。考える手がかりは、随所にあったはずである。政治学の知見の産出と、受け手たる社会との連関は、これからの検討を要する開かれた主題である。

あとがき

出来上がった本書を見返すと、通史と呼ぶには、十分に論じることができず、通り過ぎてしまった事柄のあまりに多いことを思わずにはいられません。たとえば、外国の研究動向の丹念な追跡は、早々に断念しています。また、外国人学者の日本研究も扱えていません。これらは、日本にスコープを限定した一国政治学史では、ある程度避けられないともいえます。さはさりながら、複数国を横断する「比較「政治学史」」(内田満)の探究は、いまだ前途遼遠といわねばなりません。

それればかりでなく、政治史、思想史や政治理論、行政、国際関係や地域研究などの諸分野や、フォーマル・セオリーやテキスト分析などの諸アプローチも、ほとんど触れることができませんでした。法学や経済学、社会学などの隣接分野との接点も、断片的な叙述に留まっています。大学や資金などの制度面にも踏み込んでいません。他日を期す他はありません。

このような本書ですが、多くの方のご協力に依っています。本書のすべての草稿は、日米政治学史茶話会(以下「茶話会」という)で発表し、検討いただきました。足かけ五年、二一回にわたり議論を行うこの機会がなければ、最後まで書き切ることは困難でした。茶話会のメンバーは西山真司さん、酒井泰斗さん、渡部純先生、河野有理先生、源島穣さん、佐々木研一朗先生、そして後に加わっていただいた野口侑太郎さん、池亭さん、山田真裕先生、宋君宇さんの皆様です。田口富久治氏を取り上げた節の検討にあたっては、田村哲樹先生に茶話会に参加いただきました。

また、三宅一郎先生、加藤淳子先生、北山俊哉先生、岩本美砂子先生、伊藤光利先生、小林良彰先生からは、草稿に有益なコメントをいただきました。加藤先生、ジェラルド・カーティス先生、御厨貴先生からは、佐藤誠三郎氏について詳しいお話をお聞きしました。このうち、御厨先生のインタビューは、茶話会のメンバーや佐藤信先生らを中心に行ったものです。なかでも、佐藤誠三郎氏が自身の専攻分野をどう認識していたかという論点は、御厨先生のインタビューから示唆を得たものです。さらに、ここでお名前を挙げない方からもコメントをいただきました。むろん文中の誤りは、ひとり筆者の責によるものです。

本書は多くのデータを用いています。日本政治学会の会員数の推移については、学会理事長（当時）の宇野重規先生から、事務局の保有する資料を調べることを快くお許しいただきました。調査にあたり、学会事務局の皆様、特にケネス・盛・マッケルウェイン先生、東京大学社会科学研究所のスタッフの三浦美保子様と光岡麗子様、リサーチ・アシスタントの佐々木大様にお世話になりました。なお、調査を行ったのは、会員の人数のみであることを付記しておきます。国際ジャーナルに掲載された論文数は、プロジェクトでご一緒している西川賢先生、松井暉先生から、データの一部を発表することにご了解いただきました。終章で取り上げた日本政治学会会員の調査では、設計の段階で小林良彰先生にご助言いただいた他、多くの会員の先生方に回答をお寄せいただきました。

その他、事実関係の確認にあたり、中谷義和先生、田口道代様、石田憲先生、広島市立大学広島平和研究所の皆様にそれぞれお手間をおかけしました。

筆者の遅々とした歩みを見守って下さったのは、中央公論新社の上林達也さんです。二〇一九年に新書のお話をいただいてから、茶話会にほぼ毎回参加され、的確なアドバイスをいただいたことに加え、筆者の希望を聞きいれて主要人名索引を巻末に付してくださいました。

本書の執筆中に、田口富久治先生の訃報に接しました。多くの恩恵をうけた『戦後日本政治学史』の著者に、本書をご覧いただけなかったことは残念です。ここで、田口富久治先生を偲ぶ会に一言することをご容赦ください。この会は、田村哲樹先生、大園誠先生、私の三人を事務局として、追悼会の主催や、追悼文集の作成、田口先生の旧蔵文書の保存活動を行ってきた有志の集まりです。このうち、先生の蔵書は、すでに梅川正美先生のご尽力で愛知学院大学の田口文庫に収められていましたが、手稿やノート類などの文書が田口家に残されていたため、ご遺族とご相談の上、旧蔵文書は東京大学大学院法学政治学研究科附属近代日本法政史料センターに移送し、保管されました。史料保存にご了承をいただいた田口道代様、お引き受けいただいた同センターの松本洵先生、並びに取り次いでいただいた中央公論新社の方々に深くお礼いたします。

これと関連して、執筆にあたり痛感したのは、政治学者のオーラルヒストリーや関係資料が、十分には残されていないことです。学史にかかわるドキュメントがより多く作成され、記録が後世に引き継がれるための恒常的な仕組みを整備することが、今後の大きな課題であることを感じた次第です。

最後になりますが、大学を離れてからも、研究活動を続けられたのは幸せなことでした。温かく見守っていただいた先生方、友人、そして家族に心から感謝いたします。

酒井大輔

参考文献

●日本語文献

縣公一郎・稲継裕昭編（二〇二〇）『オーラルヒストリー日本の行政学』勁草書房。

秋永肇（一九五九）「投票行動（Voting Behavior）について」、『政経論叢』二七巻六号。

アクセルロッド、ロバート（一九九八）『つきあい方の科学』ミネルヴァ書房。

朝日新聞社編（一九七〇）『自民党——保守権力の構造』朝日新聞社。

芦部信喜・京極純一（一九八〇）「選挙をめぐる法理と条理」、『法律時報』五二巻六号。

阿部斉（一九八六）「政治の保守化と政治学の変質」、『世界』四九三号（『現代政治と政治学』岩波書店、一九八九年、所収）。

阿部斉・内田満（一九九九）「今日の大学における政治学教育（上）」、『書斎の窓』四八六号。

アメリカ合衆国国民科学院学術諮問団、教育協会訳（一九四八）『本邦学術体制の改組報告書——アメリカ国民科学院学術諮問団の報告書』文川堂書房。

阿利莫二（一九五九）「農民と政治」、『農業共同組合』五巻一二号。

阿利莫二追想集刊行委員会編（一九九六）『回想の阿利莫二』。

飯尾潤（一九九二）「学界展望　日本の政治」、『国家学会雑誌』一〇五巻五・六号。

飯尾潤（一九九七）「政治学者が同時代的検証に挑んだ期待の書」、『中央公論』一一二巻九号。

飯田健（二〇一七）「アメリカ政治学における数理モデルの衰退と実験の隆盛」『公共選択』六七号。

五百旗頭真（一九九八）「五〇周年に際して」、『日本政治学会会報』三六号。

五百旗頭真（二〇〇七）『占領期——首相たちの新日本』講談社学術文庫。

五百旗頭真（二〇〇九）「選評」、『サントリー学芸賞選評集』財団法人サントリー文化財団。

五十嵐武士（二〇〇八）「「アメリカ研究」の旅路」、『えくす・おりえんて』一五号。

池内一（一九六二）「京極純一氏の『現代政治学の問題と方法』」、『年報社会心理学』三号。

池内一編（一九七四）『市民意識の研究』東京大学出版会。

石川真澄・杉山光信・丸山眞男（一九九八）「夜店と本店と」、『丸山眞男座談九』岩波書店。

石川真澄・曽根泰教（一九九六）「あらためて「小選挙

区制」を問う」、『公研』三四巻九号。

石田雄（一九五六）「議会政治の形式と実質は何故くいちがうか」、『郵政』八巻三号。

石田雄（一九五七a）「「戦後は終わった」ということの意味」、『中央公論』七二年一二号。

石田雄（一九五七b）「現代日本におけるミリタリズム研究の課題」、『思想』三九九号。

石田雄（一九六一）『現代組織論――その政治的考察』岩波書店。

石田雄（一九六三）「戦後日本の政治と政治学」、『社会科学の基本問題』東京大学社会科学研究所。（石田一九七八収録）

石田雄（一九六九）『政治と文化』東京大学出版会。

石田雄（一九七〇）「思想史の方法」、『未来』五〇号。

石田雄（一九七八）『現代政治の組織と象徴』みすず書房。

石田雄（一九九一）「社会科学と言葉（上・中・下）」、『UP』二〇巻八、九、一一号。

石田雄（二〇〇六）『一身にして二生、一人にして両身』岩波書店。

石田雄ほか（一九八四）「一つの個人史」、『社会科学研究』三五巻五号。

石田徹（一九九二）『自由民主主義体制分析』法律文化社。

イーストン、デヴィッド、山川雄巳訳（一九七六）『政治体系　第二版』ぺりかん社。

磯田進（一九五〇）「新刊書評　蠟山政道編『政治意識の解剖』」、『法律時報』二二巻三号。

磯野誠一（一九五〇）「書評　蠟山政道『日本における近代政治学の発達』」、『教育』四巻二号。

井出弘子（二〇一二）『ニューロポリティクス』木鐸社。

伊藤隆（二〇一五）『歴史と私』中公新書。

伊藤光利（一九九九）「書評　松下圭一『政治・行政の考え方』」、『年報行政研究』三四号。

伊藤光利編（一九九六）『ポリティカル・サイエンス事始め』有斐閣。

稲子恒夫（一九六六）「ソ連における政治学の形成」、『名古屋大学法政論集』三五号。

犬丸秀雄（一九四七）「人文科学委員会」『文部時報』八三六号。

猪木正道（一九五六）「政治史・政治思想史」、みすず書房編集部編『社会科学入門』みすず書房。

猪木正道編（一九五六）『日本の二大政党』法律文化社。

猪口孝（一九七〇）『東アジア国際関係の数量分析』アジア政経学会。

猪口孝（一九七六）「計量政治学の問題と展望」、『日本統計学会誌』六巻一号。

猪口孝（一九八一）「岐路に立つ日本の社会科学」、『中央公論』九六巻七号。

猪口孝（一九八三）『現代日本政治経済の構図』東洋経済新報社。

猪口孝・岩井奉信（一九八七）『「族議員」の研究』日本経済新聞社。

猪口孝・大嶽秀夫・村松岐夫（一九八七）「鼎談　戦後日本の政治学」、『レヴァイアサン』一号。

猪口孝・大嶽秀夫・蒲島郁夫・村松岐夫（二〇二三）「回顧『レヴァイアサン』」、『書斎の窓』六八八号。

今中次麿（一九五七）「引きつける魅力――丸山真男著『現代政治の思想と行動』上」、『図書新聞』一九五七年一月十九日号。

岩井奉信（一九九七）「第八次選挙制度審議会と民間政治臨調および細川内閣の選挙制度改革」、堀江湛編『現代の政治学Ⅰ』北樹出版。

岩崎卯一（一九五八）『理論政治学』関西大学出版部。

岩崎正洋（一九九一）「「選挙制度を考える会」の立場から政府・自民党の政治改革案批判」、『政財界ジャーナル』二四巻一一号。

岩永健吉郎編（一九七四）『政治学研究入門』東京大学出版会。

岩本美砂子（一九八五）「政治概念への「女性の挑戦」」、『名古屋大学法政論集』一〇五号。

岩本美砂子（一九九二）「生殖の自己決定権と日本的政策決定」、『女性学』一号。

岩本美砂子（一九九三）「人工妊娠中絶政策における決定・非決定・メタ決定」、『年報行政研究』二八号。

岩本美砂子（一九九四）「優生保護法をめぐる政治過程」、『法の科学』二二号。

岩本美砂子（一九九六）「フェミニズムの政治学　大いなる課題と空白」、『月刊フォーラム』六六号。

岩本美砂子（一九九七a）「女のいない政治過程」、『女性学』五号。

岩本美砂子（一九九七b）「ポスト・マルクス主義フェミニズム」、江原由美子・金井淑子編『ワードマップフェミニズム』新曜社。

岩本美砂子（二〇〇一）「日本におけるフェミニズムと「政治」」、『立命館大学人文科学研究所紀要』七八号。

岩本美砂子（二〇〇五）「日本のドメスティック・バイオレンス防止法（二〇〇一年）制定をめぐる政治過程」、『法経論叢』二三巻一号。

岩本美砂子（二〇一〇a）「書評　真渕勝『行政学』」『年報政治学』二〇一〇－Ⅰ。

岩本美砂子（二〇一〇b）「はじめに」、『年報政治学』二〇一〇－Ⅱ。

岩本美砂子（二〇一三）「日本のジェンダーをめぐる政策過程の特徴について」、『国際ジェンダー学会誌』十一号。

岩本美砂子（二〇二一）『百合子とたか子』岩波書店。

岩本美砂子（二〇二四）「田口先生の思い出 一人の女弟子として」、田口富久治先生を偲ぶ会事務局編『追想 田口富久治』非売品。

宇治俊彦（一九九四）「政治学者の憂うつ」、『中日新聞』一九九四年五月二六日朝刊。

潮田江次（一九四九）「政治学」、人文科学委員会編『日本の人文科学――回顧と展望』印刷庁。

内田忠夫・衛藤瀋吉（一九六九）『新しい大学像をもとめて』日本評論社。

内田満（一九八四）「吉村政治学の展開と特質」、『行動科学研究』一八巻一号。

内田満（一九九二）「中選挙区制は諸悪の根源か」、『kakushin』二六八号。

内田満（一九九九）「日本政治学発展史への二つのフットノート」、『UP』三一七号。

内田満・佐々木毅（一九八九）「〝三流政治〟どうすれば脱却」、『日本経済新聞』一九八九年八月一三日朝刊。

内田満・三宅一郎、田中愛治（二〇〇〇）「選挙研究事始めの頃」、『選挙研究』一五号。

内山融（二〇〇三）「ポリティカル・『サイエンス』?」、『UP』三二巻三号。

宇野重規（二〇一一）「いま、戦後政治学を読み直す」、『UP』四六一号。

梅本克己・佐藤昇・丸山眞男（二〇〇二）『現代日本の革新思想 下』岩波現代文庫。

NHK編（一九七七）『放送の五十年』日本放送出版協会。

及川智洋（二〇二一）「「政治改革」への世論形成――選挙制度審議会と小選挙区（一・二）」、『法学志林』一一九巻一・二号。

大井赤亥（二〇〇九）。「戦後日本政治学における『ラスキ・ブーム』の位相」、『年報政治学』二〇〇九―Ⅱ号。

大江志乃夫・佐藤誠三郎・遠山茂樹・小西四郎（一九六八）「明治維新史研究の成果と課題」、『日本歴史』二三六号。

大海篤子（一九九五）「日本の女性国会議員」、『法学研究』十五号。

大海篤子（二〇〇四）「政治学とジェンダー」、『国際ジェンダー学会誌』二号。

大嶽秀夫（一九七九a）『現代日本の政治権力経済権力』三一書房。

大嶽秀夫（一九七九b）「日本政治の研究における比較の方法（上・中・下）」、『UP』八巻三、四、六号。

大嶽秀夫（一九八三）『日本の防衛と国内政治』三一書房。

大嶽秀夫（一九八六）「対談始末記 中曽根政治解釈と政治学の客観性・自律性」、『書斎の窓』三五三号。

大嶽秀夫（一九八七）「戦後政治学と政治学③　丸山政治学の方法論」、『UP』一六巻九号。

大嶽秀夫（一九八八）「レヴァイアサンたち」、『朝日新聞』一九八八年六月二日夕刊。

大嶽秀夫（一九九〇）『政策過程』東京大学出版会。

大嶽秀夫（一九九一）「フェミニズムと社会運動」、『レヴァイアサン』八号。

大嶽秀夫（一九九二）「自由主義的改革の中のコーポラティズム」、『レヴァイアサン』臨時増刊号（『自由主義的改革の時代』所収）。

大嶽秀夫（一九九四）『戦後政治と政治学』東京大学出版会。

大嶽秀夫（一九九五）「編集後記」、『レヴァイアサン』十七号。

大嶽秀夫（一九九六）「編集後記」、『レヴァイアサン』十八号。

大嶽秀夫（一九九九）『高度成長期の政治学』東京大学出版会。

大嶽秀夫（二〇〇五）「『レヴァイアサン世代』による比較政治学」、『日本比較政治学会年報』七号。

大嶽秀夫（二〇一七）『フェミニストたちの政治史』東京大学出版会。

大嶽秀夫、酒井大輔・宗前清貞編（二〇二一）『日本政治研究事始め――大嶽秀夫オーラル・ヒストリー』ナカニシヤ出版。

大嶽秀夫編（一九八四）『日本政治の争点』三一書房。

大嶽秀夫編（一九九七）『政界再編の研究』有斐閣。

大嶽秀夫・鴨武彦・曽根泰教（一九九六）『政治学』有斐閣。

大嶽秀夫・河野勝（二〇〇八）「政治学はどこまで現実政治にかかわるべきか」、『論座』一六一号。

大塚桂（二〇〇一）『近代日本の政治学者群像』勁草書房。

大前誠（二〇〇三）「メーキング・オブ・テキストの現場から」、『フォーラム現代政治学』二号。

岡義達（一九五二）「書評　アメリカ政治学会政党研究委員会編『責任ある二党制の確立』」、『一橋論叢』二七巻五号。

岡義達（一九五三）「権力の循環と象徴の選択」、『国家学会雑誌』六六巻一一・一二号。

岡義達（一九五八）「統治機構の再編成」、岡義武編『現代日本の政治過程』岩波書店。

岡義達（二〇二四）『岡義達著作集』吉田書店。

岡義武（一九四七）「現代社会の政治史的考察――日本政治民主化のための若干の反省」、『学問と現実』東京帝国大学協同組合出版部。

岡義武（一九九七）「談話筆記」、篠原一・三谷太一郎編『岡義武ロンドン日記』岩波書店。

岡義武編（一九五八）『現代日本の政治過程』岩波書店。

尾形典男・京極純一（一九六六）「得票地盤の分析をめぐって」、『日科技連数学計画シンポジウム報文シリーズ第一三』日本科学技術連盟。

尾形典男・富田容甫・十亀昭雄・中島哲（一九五四）「北海道民のボーティング・ビヘービアの諸類型」、『北海道大学法学会論集』四巻。

岡野加穂留（一九九〇）「「初めに小選挙区制ありき」の独断を捨てよ」、『kakushin』二三九号。

奥平康弘（一九八六）「「総決算」のイデオロギー状況」、『世界』四八五号。

尾高朝雄（一九四九）「序説」、人文科学委員会編『日本の人文科学——回顧と展望』印刷庁。

小野耕二（二〇〇一）「日本における比較政治学の現状と課題」『政策科学』八巻三号。

小野耕二（二〇〇六）「「政治学の実践化」への試み」『年報政治学』二〇〇六－II号。

小尾俊人（二〇一九）『小尾俊人日誌』中央公論新社。

小尾俊人・飯田泰三・間宮陽介（二〇〇三）「丸山眞男を読む」、『丸山眞男手帖』二七号。

風早八十二（一九四九）『政党論』ナウカ社。

粕谷祐子（二〇一八）「政治学における「因果推論革命」の進行」『アジ研ワールド・トレンド』二六九号。

加藤淳子（二〇〇七）「人間行動の科学とは何か」、『学術の動向』一二巻一一号。

加藤淳子・境家史郎・山本健太郎（二〇一四）『政治学の方法』有斐閣アルマ。

加藤哲郎（一九八六）『国家論のルネサンス』青木書店。

加藤博章・板山真弓・大山貴稔・河野康子編（二〇二一）『渡邊明夫（東京大学名誉教授）オーラルヒストリー』非売品（国立国会図書館所蔵）。

蒲島郁夫（一九八六）「マスメディアと政治——もう一つの多元主義」『中央公論』一〇一巻二号。

蒲島郁夫（一九九〇）「マスメディアと政治」、『レヴァイアサン』七号。

蒲島郁夫・井出弘子（二〇〇七）「政治学とニューロ・サイエンス」、『レヴァイアサン』四〇号。

上川龍之進（二〇一四）『日本銀行と政治』中公新書。

神島二郎（一九七六）「まえがき（特集：行動論以後の政治学）」、『年報政治学』一九七六年度。

神島二郎（一九八二）「立教大学法学部とともに歩んで」、『日常性の政治学』筑摩書房。

神谷章生（二〇〇一）「「政治の科学」の軌跡と遺産——戦後マルクス主義政治学の一断面」、『経済科学通信』九五号。

上西朗夫（一九八五）『ブレーン政治』講談社現代新書。

亀井正夫（一九八八）『「政治臨調」のすすめ』社会経済国民会議。

加茂利男（二〇一二）「政治学教育とテキストブック」『書斎の窓』六一五号。

加茂利男・水口憲人・野田昌吾（二〇一五）「山口定先生追悼座談会」、『政策科学』二二巻三号。

苅部直（二〇〇六）『丸山眞男――リベラリストの肖像』岩波新書。

苅部直・宇野重規・中本義彦（二〇一一）『政治学をつかむ』有斐閣。

川崎修（二〇一〇）「権力イメージの変容と政治理論の課題」、『「政治的なるもの」の行方』岩波書店。

『川島武宜先生を偲ぶ』編集委員会編（一九九四）『川島武宜先生を偲ぶ』クレイム研究会。

川人貞史（一九九六）「シニオリティ・ルールと派閥」、『レヴァイアサン』臨時増刊。

京極純一（一九五四）「浮動層」、『政治学事典』平凡社。

京極純一（一九五六）「リーダーシップと象徴過程」、『思想』三八九号（『政治意識の分析』東京大学出版会、一九六八年、所収）。

京極純一（一九六〇）「日本の民主主義」、『福音と世界』一五巻八号（『現代民主政と政治学』岩波書店、一九六九年、再録）。

京極純一（一九六二）「日本における政治行動論」、『年報政治学』一九六二年度（『政治意識の分析』東京大学出版会、一九六八年、所収）。

京極純一（一九六七）「現代における哲学の「課題」」、務台理作・古在由重編『岩波講座哲学I』岩波書店。

京極純一（一九六八）『政治意識の分析』東京大学出版会。

京極純一（一九六九）「現代政治学の問題と方法」、『現代民主政と政治学』岩波書店。

京極純一（一九七〇）『文明の作法』中公新書。

京極純一（一九七九a）「政治意識研究の歩み」、『統計数理研究所研究リポート』四五号。

京極純一（一九七九b）『政治過程論　一』東京大学出版会教材部。

京極純一（一九八三）『日本の政治』東京大学出版会。

京極純一（一九九八）「年寄りの昔話」、『日本行動計量学会会報』七七号。

京極純一（二〇一三）「私の来た道」、『和風と洋式　増補新装版』東京大学出版会。

京都大学百年史編集委員会（一九九八）『京都大学百年史　総説編』京都大学後援会。

草薙志帆（二〇二四）「保守の危機」時代における自民党組織改革論」、『日本歴史』九一三号。

黒川みどり（二〇〇〇）『共同性の復権――大山郁夫研究』信山社。

黒阪健吾・肥前洋一・芦野琴美（二〇一四）「実験室実験によるM＋1ルールの検証」『選挙研究』三〇巻一号。

号。

ケラー、エヴリン・フォックス、幾島幸子・川島慶子訳（一九九三）『ジェンダーと科学』工作舎。

河野勝（一九九一）「自民党――組織理論からの検討」、『レヴァイアサン』九号。

河野勝（一九九四）「戦後日本の政党システムの変化と合理的選択」、『年報政治学』一九九四年度。

河野勝（二〇〇〇a）「日本の中選挙区・単記非移譲式投票制度と戦略的投票」、『選挙研究』一五号。

河野勝（二〇〇〇b）「合理的選択」、猪口孝ほか編『政治学事典』弘文堂。

河野勝（二〇〇七）「実験アプローチの台頭は何を物語るか」、河野勝・西條辰義編『社会科学の実験アプローチ』勁草書房。

河野勝（二〇一八）『政治を科学することは可能か』中央公論新社。

河野勝・三村憲弘（二〇一五）「他者への支援を動機づける同情と憐れみ」『年報政治学』二〇一五－Ⅰ号。

河野康子編（二〇二四）『戦後政治学の展開　機会と挑戦の五〇年―村松岐夫オーラルヒストリー』東洋経済新報社。

香山健一（一九八五）「自民党の活力三つの源泉――日本型多元主義政党モデルの創造」、『月間自由民主』三九三号。

古賀豪・桐原康栄・奥村牧人（二〇一〇）「帝国議会および国会の立法統計」、『レファレンス』七一八号。

小島亮（一九八七）『ハンガリー事件と日本』中公新書。

小林正弥（一九九一）「政治的クライエンテリズムと政治的シンクレティズム（一）」、『国家学会雑誌』一〇四巻七・八号。

小林正弥（二〇〇一）「社会諸科学の哲学・政治哲学・公共哲学（上）」、『UP』三〇巻九号。

小林良彰（二〇〇一a）「書評『選挙制度変革と投票行動』」、『読売新聞』二〇〇一年七月二二日朝刊。

小林良彰（二〇〇一b）「日本における政治学の意義と方法（上・中・下）」『UP』三〇巻五・六・七号。

小林良彰編（一九九一）『政治過程の計量分析』芦書房。

小柳義夫（二〇一九）「大学計算センター事始め（c）」、HPC wire JAPAN（https://www.hpcwire.jp/archives/25071 二〇二四年七月九日閲覧）。

財団法人サントリー文化財団編（二〇〇九）『サントリー学芸賞選評集』非売品。

斎藤眞（一九九七）「日本政治学会創立の時」、『日本政治学会会報』三四号。

酒井大輔（二〇一六）「多元主義からイデオロギー対立へ」、『年報政治学』二〇一六－Ⅰ号。

酒井大輔（二〇一七）「日本政治学史の二つの転換」、『年報政治学』二〇一七－Ⅱ号。

酒井大輔（二〇二一）「戦後政治学の諸潮流」、『政治思想研究』二一号。

酒井哲哉（一九九八）「『東亜協同体論』から『近代化論』へ」、『年報政治学』一九九八年度。

境家史郎（二〇一七）『憲法と世論』筑摩書房。

榊原英資・野口悠紀雄（一九七七）「大蔵省・日銀王朝の分析」、『中央公論』九二巻八号。

坂本治也・石橋章市朗編（二〇二〇）『ポリティカル・サイエンス入門』法律文化社。

佐々木研一朗（二〇一八）「戦前期日本における政治学の制度化に関する研究」明治大学大学院政治経済学研究科博士学位請求論文。

佐々木毅（一九八四）「〈地元民主主義〉を超えて」、『世界』四五八号。（佐々木毅『保守化と政治的意味空間』岩波書店、一九八六年、所収）

佐々木毅（一九八七a）『いま政治になにが可能か』中公新書。

佐々木毅（一九八七b）「政治的思考のあり方にこだわりつつ」、『中央公論』一〇二巻一三号。

佐々木毅（一九八九a）「政治における選択とは何か」、『世界』五二六号。

佐々木毅（一九八九b）『自民党は再生できるのか』日本経済新聞社。

佐々木毅（一九九一）『政治に何ができるか』講談社。

佐々木毅（一九九四）「政治改革が残した資産」、『朝日新聞』一九九四年二月一六日朝刊。

佐々木毅（二〇一七）『知の創造を糧として』秋田魁新報社。

佐々木毅（二〇一八）「時代の証言者　学問と政治一～三三」、『読売新聞』二〇一八年九月一三日～一〇月三〇日朝刊。

佐々木毅（二〇二二）「語る　人生の贈りもの十一」、『朝日新聞』二〇二二年八月一〇日朝刊。

佐々木毅編（一九九九）『政治改革一八〇〇日の真実』講談社。

佐々木毅・松崎哲久（一九九〇）「小選挙区制で本当にいいのか」、『中央公論』一〇五巻七号。

笹倉秀夫（二〇二〇）「丸山眞男インタビュー全三回の記録（1984・1985年）」、『早稲田法学』九五巻四号。

笹部真理子（二〇一七）『「自民党型政治」の形成・確立・展開』木鐸社。

佐藤郁哉・芳賀学・山田真茂留（二〇一一）『本を生みだす力』新曜社。

佐藤信（二〇二二）「「一九五五年体制」再考」、前田亮介編『戦後日本の学知と想像力』吉田書店。

佐藤誠三郎（一九六五a）「西欧の衝撃への対応——川路聖謨を中心として」、篠原一・三谷太一郎編『近代日本の政治指導』東京大学出版会（佐藤二〇〇九に再録)。

佐藤誠三郎(一九六五b)「日本史」、大久保利謙・海老沢有道編『日本史学入門』廣文社。

佐藤誠三郎(一九六七)「幕藩体制の政治的特質(一)」、『国家学会雑誌』八〇巻七・八号。

佐藤誠三郎(一九七七)「むしろ高まった政界安定の可能性」、『プレジデント』十五巻五号。

佐藤誠三郎(一九八二)「反行革不潔同盟」、『月刊自由民主』三二〇号。

佐藤誠三郎(一九八六)「民主主義と社会変化(上・下)」、『経済同友』四五八、四五九号。

佐藤誠三郎(一九八九)「「けじめ」が必要なのは誰か」、『中央公論』一〇四巻七号。

佐藤誠三郎(一九九一)「日本の民主主義のあり方」、『財界フォーラム』一〇巻二号。

佐藤誠三郎(一九九六)「丸山眞男論」、『中央公論』一一一巻一四号(佐藤二〇〇九に再録)。

佐藤誠三郎(一九九七)「選挙制度改革論者は敗北した」、『諸君!』二九巻一号。

佐藤誠三郎(一九九九a)「私の写真館」、『正論』三二七号。

佐藤誠三郎(一九九九b)「政策研究院(政策研究大学院大学)における政策研究」、『計画行政』二二巻二号。

佐藤誠三郎(二〇〇九)『「死の跳躍」を越えて——西洋の衝撃と日本』千倉書房。

佐藤誠三郎・飯島清・千田恒・香山健一(一九七九)「自民党改革、今が好機だ」、『月刊自由民主』二七七号。

佐藤誠三郎・伊藤隆・高村直助・鳥海靖(一九六三)「日本近代史研究の二、三の問題」『歴史学研究』二七八号。

佐藤誠三郎・香西豊・松崎哲久(一九八六)「柔らかな保守主義の時代」、『諸君!』十八巻八号。

佐藤誠三郎・田中明彦(一九九一)「不見識な政府　無責任な「世論」」、『中央公論』一〇六巻三号。

佐藤誠三郎・西部邁(一九九〇)「四十年の宴のあと」、『諸君!』二二巻二号。

佐藤誠三郎・松崎哲久(一九八六)『自民党政権』中央公論社。

佐藤誠三郎・松崎哲久(一九八四)「自民党超長期政権の解剖」、『中央公論』九九巻一一号。

サルトーリ、岡沢憲芙・川野秀之訳(一九八〇)『現代政党学』早稲田大学出版部。

ジェソップ、ボブ、田口富久治監訳、中谷義和・加藤哲郎・小野耕二・後房雄・岩本美砂子訳(一九八七)『プーランザスを読む』合同出版。

塩川伸明(二〇〇一)「集団的抑圧と個人」、江原由美子編『フェミニズムとリベラリズム』勁草書房。

参考文献

塩原勉（一九六二）「石田雄著　現代組織論」、『社会学評論』一二巻二号。

志賀義雄（一九四九）『国家論』ナウカ社。

志垣民郎（二〇一九）『内閣調査室秘録』文春新書。

篠原一（一九八三）「団体の新しい政治機能」、『岩波講座基本法学2　団体』岩波書店。

篠原一（一九八四）「「改革」ブームの中の政治改革」、『世界』四六一号。

篠原一（一九八六）「ポスト臨調の政治の流れ」、宇沢弘文・篠原一編『世紀末の選択』総合労働研究所。

篠原一（二〇〇四）『市民の政治学』岩波新書。

篠原一・永井陽之助編（一九六五）『現代政治学入門』有斐閣。

芝田進午（一九五八）「日本のプラグマティズム」、山崎正一編『講座現代の哲学V　日本の近代思想』有斐閣。

社会経済国民会議（一九八四）「わが国議会政治に関する提言」『法と民主主義』一八八号。

社会経済国民会議（一九九〇）『政治改革に関するアンケート』。

写楽斎（一九八一）「政治学者における学問と実践」、『経済評論』三〇巻一号。

ジャンセン、マリウス・B編（一九六八）『日本における近代化の問題』岩波書店。

白鳥令（一九八三）「選挙予測の仕組みと功罪」『言語生活』三八一号。

白鳥令・田中靖政（一九七〇）『テレビ政見放送の選挙に与える影響』国民政治研究会。

人文科学委員会編（一九四九）『日本の人文科学――回顧と展望』印刷庁。

杉谷和哉（二〇二二）『政策にエビデンスは必要なのか――EBPMと政治のあいだ』ミネルヴァ書房。

杉山光信（一九八九）「生理学としての京極政治学」、『学問とジャーナリズムの間』みすず書房。

鈴木安蔵（一九二九）「政治学における絶対主義、民主主義およびマルクス主義」、『プロレタリア科学』一巻一号。

鈴木安蔵（一九四九）「政治学の課題と方法」、『法律文化』四巻五・六号。

鈴木安蔵（一九五三）『史的唯物論と政治学』勁草書房。

鈴木安蔵「一九四七（昭和二十二）年一〇月以降日記」、立正大学所蔵『鈴木安蔵旧蔵資料』整理番号一八二。

砂原庸介（二〇一五）『民主主義の条件』東洋経済新報社。

鷲見誠一（二〇〇一）「日本における政治思想・政治哲学の意義と課題」『法学研究』七四巻七号。

住谷悦治（一九六七）『日本経済学史　増訂版』ミネルヴァ書房。

政治学研究会編（一九四八）『政治学研究　第一集』実

業之日本社。

全国歴史資料保存利用機関連絡協議会編（一九九六）『日本の文書館運動』岩田書院。

曽根泰教（二〇〇七）「『討論型世論調査』の可能性」、橋本晃和編『21世紀パラダイムシフト』冬至書房。

曽根泰教・石川真澄（一九九六）「あらためて『小選挙区制』を問う」、『公研』三四巻九号。

杣正夫（一九九〇）「わたしの意見　選挙改革」、『朝日新聞』一九九〇年四月二八日朝刊。

高畠通敏（一九八六）『地方の王国』潮出版社（講談社学術文庫、二〇一三年）。

高畠通敏（一九九一）「尾形典男先生追悼」、『回想尾形典男』非売品。

高畠通敏（二〇〇九）「政治の実証的研究を志して」、『高畠通敏集五』岩波書店。

高畠通敏・丸山眞男（一九六〇）「政治学の研究案内」、『経済セミナー』四三号（『丸山眞男座談　四』岩波書店、一九九八年、収録）。

田口富久治（一九五七～一九五八）「合衆国における現代政治学の形成（一・二）」、『国家学会雑誌』七一巻二号、七二巻八号（「アーサー・F・ベントレイの政治学」と改題し『社会集団の政治機能』所収）。

田口富久治（一九五七a）「政治学よりみたる「大衆」」、『社会心理学講座二附録』みすず書房。

田口富久治（一九五七b）「日鋼室蘭労働者の意識調査についての覚書」、『労働法律旬報』二八三号。

田口富久治・十枝内良憲（一九五九）「圧力団体としての医師会」、『中央公論』七四年五号（田口富久治『社会集団の政治機能』未來社、一九六九年、所収）。

田口富久治（一九六〇）「中政連における組織問題」、『年報政治学』一九六〇年度（前掲『社会集団の政治機能』所収）。

田口富久治（一九六六）「わたしの読書へんれき」、住井するゑほか編『世に出ていく君たちに 第四』汐文社。

田口富久治（一九六九a）『社会集団の政治機能』未來社。

田口富久治（一九六九b）「台頭する小ブルジョア急進主義」、『エコノミスト』四七巻一三号。

田口富久治（一九七三a）『現代政治学の諸潮流』未來社。

田口富久治（一九七三b）「わが著書を語る　現代政治学の諸潮流」、『出版ニュース』九五五号。

田口富久治（一九七三c）『選挙制度』新日本新書。

田口富久治（一九七七）「私の個人史とマルクス主義」、古在由重編『知識人と現代』青木書店。

田口富久治（一九七九）『マルクス主義国家論の新展開』青木書店。

田口富久治（一九八六）「政治と政治学」、田口富久治・

中谷義和編『現代政治の理論と動態』童学草舎。

田口富久治（一九九二）『日本の政治学研究・教育における情報化への対応に関する実証的研究』文部省科学研究費補助金研究成果報告書。

田口富久治（一九九五）『解放と自己実現の政治学』近代文藝社。

田口富久治（二〇〇〇）「思い出すままに（一）」『象』三七号。

田口富久治（二〇〇一）『戦後日本政治学史』東京大学出版会。

田口富久治（二〇〇二a）「思い出すままに（六）」『象』四三号。

田口富久治（二〇〇二b）「思い出すままに（七）」、『象』四四号。

田口富久治（二〇〇五a）「富永健一『戦後日本の社会学』を読む――戦後社会学史と政治学史を比較しつつ」、『UP』三四巻三号。

田口富久治（二〇〇五b）『丸山眞男とマルクスのはざまで』日本経済評論社。

田口富久治（二〇〇五c）「『丸山眞男とマルクスのはざまで』について」『評論』一五〇号。

田口富久治・中谷義和・小野耕二・後房雄（一九九四）「私とマルクス主義と政治学」、『名古屋大学法政論集』一五五号。

田口富久治先生を偲ぶ会事務局編（二〇二四）『追想　田口富久治』非売品。

竹中佳彦（一九九六）「「吉田ドクトリン」論と「五五年体制」概念の再検討」、『レヴァイアサン』一九号。

竹前栄治（二〇〇二）『占領戦後史』岩波現代文庫。

橘木俊詔（二〇一九）『日本の経済学史』法律文化社。

田中愛治編（二〇一八）『熟議の効用、熟慮の効果』勁草書房。

田中耕太郎（一九四七）「人文科学の振興について」『人文』一巻一号。

田中宗孝（一九九七）『政治改革六年の道程』ぎょうせい。

田中靖政（一九七四）「選挙イメージと予測（一・二）」『自然』二九巻三・四号。

谷口［鬼塚］尚子（二〇〇〇）「市民参加のジレンマ」『選挙研究』一五巻。

谷口尚子（二〇一四）「政治学における実験研究」『選挙研究』三〇巻一号。

谷口将紀（二〇一二）『政党支持の理論』岩波書店。

田村哲樹（二〇〇八）『熟議の理由』勁草書房。

田村哲樹（二〇一七）『熟議民主主義の困難』ナカニシヤ出版。

田村哲樹編（二〇一九）『日常生活と政治』岩波書店。

辻清明（一九五〇）「社会集団の政治機能」、『近代国家

論　第二部機能』弘文堂。

辻清明（一九八七）「公共の精神の再生」、『中央公論』一〇二巻一三号。

辻由希（二〇二〇）「看護婦の政治権力」、『政策科学』二七巻四号。

辻由希（二〇二三）「女性の政治代表と政策過程における参議院」、『年報政治学』二〇二三－Ⅰ号。

辻村みよ子（二〇〇五）「学術分野における男女共同参画政策の課題」、辻村みよ子・稲葉馨編『日本の男女共同参画政策』東北大学出版会。

土持ゲーリー法一（二〇〇六）『戦後日本の高等教育改革政策――「教養教育」の構築』玉川大学出版部。

都築勉（二〇二〇）『おのがデモンに聞け』吉田書店。

寺田篤弘（一九七四）「女性の投票行動」、『社会学論叢』六一号。

遠山茂樹（一九五三）「書評　日本政治学会編「戦後日本の政治過程」」、『思想』三四八号。

富田信男・内田満・堀江湛・谷藤悦司（一九九三）「選挙制度と政党政治の問題点」、『正論』二五一号。

富永健一（二〇〇四）『戦後日本の社会学』東京大学出版会。

永井陽之助（一九五六）「認識の象徴と組織化の象徴」、『思想』三八三号（『政治意識の研究』岩波書店、一九七一年、所収）。

永井陽之助（一九六〇）「政治学の基礎概念」、北海道大学法学部編『法学政治学論集』有斐閣（『政治意識の研究』岩波書店、一九七一年、所収）。

中北浩爾（二〇〇二）『一九五五年体制の成立』東京大学出版会。

中北浩爾（二〇一四）『自民党政治の変容』ＮＨＫブックス。

中曽根康弘・佐藤誠三郎（一九八一）「平和革命・行革はどこまで可能か」、『諸君！』十三巻九号。

中曽根康弘・佐藤誠三郎・西部邁・村上泰亮（一九九二）『共同研究「冷戦以後」』文藝春秋。

中谷義和（二〇〇五）『アメリカ政治学史序説』ミネルヴァ書房。

中野勝郎（二〇一四）「草創期の早稲田政治学」、松田宏一郎・五百旗頭薫編『歴史のなかの日本政治一　自由主義の政治家と政治思想』中央公論新社。

中野秀一郎編（一九九〇）『ソシオロジー事始め』有斐閣。

中村哲（一九五三）「書評　政治学年報（一九五三年版）「戦後日本の政治過程」」、『図書』四四号。

中邨章（一九八四）「自由民主党の四つの顔」、中邨章・竹下譲編『日本の政策過程』梓出版社。

中村菊男・堀江湛（一九五八a）「社会構造の変動と権力移動の形態」『法学研究』三一巻一〇号。

中村菊男・堀江湛（一九五八b）「政治意識と投票行為」、『法学研究』三一巻一一号。

中山茂編（一九九五）『通史日本の科学技術　第一巻』学陽書房。

名取良太（二〇〇二）「選挙制度改革と利益誘導政治」、『選挙研究』一七巻。

南原繁（一九五〇）「日本における政治学の課題」、『年報政治学』一九五〇年度。

南原繁（一九七三）「政治理論史の課題」、『南原繁著作集　第三巻』岩波書店。

南原繁・蠟山政道・矢部貞治（一九六三）『小野塚喜平次　人と業績』岩波書店。

西澤由隆・河野勝（一九九〇）「日本における選挙経済循環」、『レヴァイアサン』六号。

西島建男（一九九四）「激動の現実に揺れる政治学」、『朝日新聞』一九九四年一月一〇日夕刊。

西谷能雄（一九七一）「丸山真男著『現代政治の思想と行動（上・下）』（未来社）」、吉田公彦編『名著の履歴書（下）』日本エディタースクール出版部。

西平重喜（二〇〇九）『世論をさがし求めて』ミネルヴァ書房。

西部邁（一九九八）『剝がされた仮面』文藝春秋。

日本科学史学会（一九六四）『日本科学技術史大系　第五巻・通史五』第一法規。

日本学術会議（一九七〇）「社会資料センター（仮称）の設置について（勧告）」一九七〇年一〇月三〇日。

日本学術会議編（一九七四）『日本学術会議二五年史』日本学術会議。

日本政治学会（一九五〇）『日本政治学会々員名簿』（群馬県立図書館所蔵）。

日本政治学会（一九五三）『年報政治学』一九五三年度（特集：戦後日本の政治過程）。

日本政治学会（二〇二〇）『女性研究者の学会参画に関わる検討ワーキンググループ最終報告書』。https://www.jpsa-web.org/news/society/n201028/　二〇二四年七月九日閲覧。

日本政治学会事務局（一九五六）「一九五五年日本政治学会の報告」、『年報政治学』一九五六年度。

日本政治学会事務局（一九六二）「一九六一年日本政治学会の報告」、『年報政治学』一九六二年度。

日本政治学会事務局（一九六四）「一九六三年日本政治学会の報告」、『年報政治学』一九六四年度。

日本世論調査協会（一九八六）『日本世論調査史資料』。

日本選挙学会編（一九八九）『政治不信からの脱却』北樹出版。

日本選挙学会編（一九九〇）『選挙制度改革の諸相』北樹出版。

日本選挙学会編（一九九二）『政治改革と選挙制度』北

樹出版。

丹羽功（二〇〇三）「戦後政治学における圧力団体研究」、『富大経済論集』四九巻二号。

根岸隆・三宅一郎（一九七二）「社会的意思決定の経済学」、東洋経済編『経済学との対話』東洋経済新報社。

野口侑太郎（二〇二三）「経済構造調整問題から『政治改革』へ」、『名古屋大学法政論集』三〇〇号。

袴田茂樹（二〇一四）『世のおきてに叛いて』北東アジア新書。

樋口謹一（一九五八）「書評　岡義武編『現代日本の政治過程』」、『思想』四一二号。

樋口陽一・大嶽秀夫（一九八九）「戦後民主主義・コンフォーミズム・天皇制」、『法律時報』六一巻六号。

日高六郎（一九六四）「戦後の「近代主義」」、『現代日本思想体系三四　近代主義』筑摩書房（杉山光信編『日高六郎セレクション』岩波現代文庫、二〇一一年、所収）。

日野愛郎・田中愛治編（二〇一三）『世論調査の新しい地平』勁草書房。

平野浩（一九八八）『投票行動とイメージ』学習院大学大学院政治学研究科博士論文。

ヒル、ロナルド・J、菊井礼次訳（一九八四）『ソ連の政治改革』世界思想社。

廣重徹（一九六〇）『戦後日本の科学運動』中央公論社。

廣重徹（二〇〇三）『科学の社会史　下』岩波現代文庫。

深津真澄（一九七六）「社会党〝終わりの始まり〟か」、『朝日ジャーナル』一八巻二七号。

深津真澄（一九七七）「崩れゆく「五五年体制」」、『朝日ジャーナル』一九巻四号。

深津真澄（一九九三）「「五五年体制」の素性を明かす」、『日本記者クラブ会報』二七八号。

福井治弘（一九七〇）「政治学者は何をなすべきか」、『中央公論』八五巻五号。

福島新吾（一九七六）「政治学の課題」、『専修法学論集』二二号。

福島新吾（一九八九）「政治意識をめぐって」、『専修大学法学研究所紀要』一四号。

福島新吾（二〇〇三）「社会科学としての政治研究」、『専修大学社会科学研究所月報』四八六号。

福島新吾・升味準之輔・田口富久治（一九六七）「政治学」、図書新聞編『戦後の学問』図書新聞社。

福田歓一（一九七六）「国民国家の諸問題」、『思想』六二三号（『福田歓一著作集第四巻』岩波書店、一九九八年、所収）。

福田歓一（一九八六）「現代における国家と民族」、『世界』四八三号。

福田歓一（一九九八a）「福田歓一先生に聞く」、『福田歓一著作集　第一〇巻』岩波書店。

福田歓一（一九九八b）「岡義武先生を憶う」、『福田歓一著作集　第一〇巻』岩波書店。

福田歓一（二〇二四）「ある政治学者の誕生と成長」、南原繁研究会編『政治と宗教』横濱大氣堂。

福永文夫（二〇〇八）『大平正芳』中公新書。

福永文夫（二〇一四）『日本占領史 1945-1952』中公新書。

福元健太郎（二〇一七）「自然実験を用いた選挙研究」『オペレーションズ・リサーチ』六二巻一〇号。

福家崇洋（二〇二〇）「戦後共産党史」、筒井清忠編『昭和史講義　戦後篇上』ちくま新書。

藤原弘達（一九五九）『国会議員選挙要覧』弘文堂。

船守美穂（二〇一一）「日本人の海外留学と日本経済」日本高等教育学会第一四回大会。https://researchmap.jp/funamori/presentations/9017881（二〇二三年七月一六日閲覧）。

ベントリー、A・F、喜多靖郎・上林良一訳（一九九四）『統治過程論』法律文化社。

堀豊彦（一九八八）「日本政治学会の成立とその周辺」、『デモクラシーと抵抗権』東京大学出版会。

堀豊彦ほか（一九六二）「共同討議　日本における政治学研究の現況」、『年報政治学』一九六二年度。

堀内勇作・今井耕介・谷口尚子（二〇〇五）「政策情報と投票参加」『年報政治学』二〇〇五－Ⅰ号。

堀江孝司（二〇〇五）『現代政治と女性政策』勁草書房。

堀江湛（一九六二）「社会変動と投票行動の分化（一・二）」、『法学研究』三五巻二・三号。

堀江湛（一九八〇）「比例代表制導入の提唱とその波紋」、『三田評論』八〇八号。

堀江湛（一九八五）「選挙区制」、『ジュリスト増刊総合特集選挙』三八号。

堀江湛（一九八九）「選挙制度改革のシミュレーション」、『エコノミスト』六七巻二七号。

堀江湛（一九九〇）「政治改革進めやすい制度へ」、『This is 読売』一巻三号。

堀江湛（一九九一）「政治学とコンピュータ」『ｂｉｔ』二三号。

堀江湛（一九九二）「緊急提言をとりまとめて」、『中央公論』一〇七巻一二号。

堀江湛（一九九三）「政治システムと選挙制度」、堀江湛編『政治改革と選挙制度』芦書房。

堀江湛（一九九九）「日本の政策過程」、小林良彰編『日本政治の過去・現在・未来』慶應義塾大学出版会。

堀江湛・河野義克（一九九一）「政治改革は首相の責任」、『This is 読売』二巻三号。

前田和敬（二〇一三）「二一世紀臨調の軌跡」、佐々木毅・二一世紀臨調編『平成デモクラシー』講談社。

前田健太郎（二〇一九）『女性のいない民主主義』岩波

新書。

前田幸男（二〇〇二）「ＩＣＰＳＲにおけるデータの寄託から公開まで」、『SSJ Data Archive Research Paper Series』一九号。

牧田弘（一九八三）「世論調査の発展過程——戦前、戦後の変遷をたどって」、『政経研究』一九巻三号。

増田卓二（一九七五）『実録三木武夫』ホーチキ商事出版部。

升味準之輔（一九五八ａ）「政治学界の動向」、『思想』四〇三号（『現代政治と政治学』岩波書店、一九六四年、所収）。

升味準之輔（一九五八ｂ）「政治過程の変貌」、岡義武編『現代日本の政治過程』岩波書店。

升味準之輔（一九六三）「保守党のプロフィル」、『思想』四七四号。

升味準之輔（一九六四）「一九五五年の政治体制」、『思想』四八〇号。

升味準之輔（一九六七）「現代日本の政治過程」、日本司法書士連合会『全国研修会叢書第一回』。

升味準之輔（一九六八）「政治学——現代日本の政治過程」、日本司法書士連合会『全国研修会叢書第二回』。

升味準之輔（一九六九）『現代日本の政治体制』岩波書店。

升味準之輔（一九七六）「日本史研究と政治学」、『岩波講座日本歴史二五　別巻二』岩波書店。

升味準之輔（一九八三）『戦後政治　下』東京大学出版会。

升味準之輔（一九八九）「政治学と私（上・下）」、『ＵＰ』一八巻九・一〇号。

升味準之輔（一九九三）「一九五五年体制の崩壊」、『日本政治学会会報』二六号。

升味準之輔（二〇〇七）「一九五五年体制、再考」、『聖学院大学総合研究所紀要』三九号。

升味準之輔ほか（一九五四）「旧意識の温存と変容」、『日本資本主義講座　第九巻』岩波書店（升味準之輔『現代日本の政治体制』岩波書店、一九六九年、所収）。

待鳥聡史（二〇二〇）『政治改革再考』新潮選書。

待鳥聡史（二〇二三）「戦後日本の政治学は何に関心を示してきたのか」、『法学論叢』一九三巻五号。

松井博（二〇〇〇）「データ・アーカイブとは何か」、佐藤博樹・石田浩・池田謙一編『社会調査の公開データ』東京大学出版会。

松崎哲久（二〇〇〇）「保守政治をリベラルに探究」、『月刊日本』四巻二号。

松沢弘陽・植手通有・平石直昭編（二〇一六）『定本丸山眞男回顧談（下）』岩波現代文庫。

松下圭一（一九五九）「戦後農村と今日の農政運動」、『農業共同組合』五巻一二号。

松下圭一（一九六八）『現代政治学』東京大学出版会。

松下圭一（一九七五）『市民自治の憲法理論』岩波新書。

松下圭一（一九九八）『政治・行政の考え方』岩波新書。

松下圭一・香原志勢・吉田夏彦（一九八三）「饒舌あるいは雄弁について」『図書』四〇二号。

松林哲也（二〇二一）『政治学と因果推論』岩波書店。

松林哲也（二〇二三）『何が投票率を高めるのか』有斐閣。

松本正生（一九九一）『世論調査と政党支持』法政大学出版局。

マートン、ロバート・K、森東吾ほか訳（一九六一）『社会理論と社会構造』みすず書房。

真渕勝（一九八一）「再配分の政治過程」、高坂正堯編『高度産業国家の利益政治過程と政策・日本』トヨタ財団学術奨励金報告書。

真渕勝（一九八三）「A・ウィルダフスキー予算編成論の研究（一・二）」、『法学論叢』一一三巻三号・一一四巻一号。

真渕勝（一九八五）「財政危機のなかの大蔵省（一）」、『阪大法学』一三六号。

真渕勝（一九八七）「アメリカ政治学における『制度論』の復活」、『思想』七六一号。

真渕勝（一九九一）「新しい制度論の展望」、『阪大法学』一五七・一五八号。

真渕勝（一九九四）『大蔵省統制の政治経済学』中央公論社。

真渕勝（一九九五）「大蔵解体　「主計」「主税」が同居する必然性はない」、『エコノミスト』七三巻一四号。

真渕勝（一九九七）『大蔵省はなぜ追いつめられたのか』中公新書。

真渕勝（二〇〇一）「行政研究　方法と課題」、『年報行政研究』三六号。

真渕勝（二〇〇八）「序章」、真渕勝・北山俊哉編『政界再編時の政策過程』慈学社。

真渕勝（二〇〇九）『行政学』有斐閣。

真渕勝（二〇二一）「研究者、事始め」、『政策科学』二八巻三号。

真渕勝・久米郁男・北山俊哉（一九九七）『はじめて出会う政治学』有斐閣。

丸山眞男（一九四六）「超国家主義の論理と心理」、『世界』昭和二一年五月号。

丸山眞男（一九四七）「科学としての政治学」、『人文』一巻二号。

丸山眞男（一九五六ａ）「軍国支配者の精神形態」、『現代政治の思想と行動　上』未來社。

丸山眞男（一九五六ｂ）「第一部　追記および補註」、『現代政治の思想と行動　上』未來社。

丸山眞男（一九五六ｃ）「政治学」、みすず書房編集部編

『社会科学入門』みすず書房。

丸山眞男（一九六一）『日本の思想』岩波新書。

丸山眞男（一九八六）『「文明論之概略」を読む（上・中・下）』岩波新書。

丸山眞男（二〇〇八）「大山郁夫・生誕百年記念に寄せて」、『丸山眞男話文集一』みすず書房。

丸山眞男（二〇〇九）「天安門事件の後に」『丸山眞男話文集四』みすず書房。

丸山眞男ほか（二〇一四）「『著作ノート』から長野オリンピックまで」、『丸山眞男話文集続二』みすず書房。

丸山眞男ほか（二〇〇一）「早稲田大学　丸山眞男自主ゼミナールの記録　第二回（上）」、『丸山眞男手帖』一九号。

丸山眞男ほか（二〇〇八）「聞き書き　庶民大学三島教室」、『丸山眞男話文集一』みすず書房。

丸山眞男ほか（二〇二四）「L正統問題のアクチュアリティ」、『丸山眞男集別集第五巻』岩波書店。

御巫由美子（一九九九）『女性と政治』新評論。

御厨貴（一九九二）「佐藤誠三郎先生・略年譜」、佐藤誠三郎先生退官記念会編『知は力なり』非売品。

御厨貴（二〇一二）「闘論を愛した保守ラディカル」、『政治へのまなざし』千倉書房。

御厨貴・坂本一登・前田亮介・佐々木雄一・佐藤信（二〇一七）「明治史学の〝お宝〟探し」、東京大学先端科学技術研究センター御厨貴研究室・吉田書店編『御厨政治史学とは何か』吉田書店。

南博（一九五四）「アメリカニズム」、『政治学事典』平凡社。

三谷太一郎（二〇一三）「日本の政治学のアイデンティティを求めて」、『学問は現実にいかに関わるか』東京大学出版会。

三宅一郎（一九六一a）「アメリカ政党構造と代表過程」、『人文学報』十四号。

三宅一郎（一九六一b）「アメリカにおける日本近代史研究の動向」、『人文学報』十四号。

三宅一郎（一九六三）「アメリカ二大政党の組織単位としての政党支持者集団」、『法学論叢』七四巻一号。

三宅一郎（一九六四）「日本内閣の政治・社会的構成」、『人文学報』二〇号。

三宅一郎（一九七〇a）「政党支持の流動性と安定性」、『年報政治学』一九七〇年度。

三宅一郎（一九七〇b）「社会科学における電子計算機の利用」、『人文』一号。

三宅一郎（一九七〇c）「統計用汎用プログラム（BMD）の書き換え作業について」、『京都大学大型計算機センター』三巻一一号。

三宅一郎（一九七一）「社会科学における電子計算機の利用」、『人文』二号。

三宅一郎（一九七二a）「SPSS（社会科学のための統計パッケージ）概説（1）」、『京都大学大型計算機センター』五巻一〇号。

三宅一郎（一九七二b）「未開拓の分野に力点」、『週刊東洋経済』一九七二年二月五日号。

三宅一郎（一九八二）「二大政党と選挙」、三宅一郎・山川雄巳編『アメリカのデモクラシー』有斐閣。

三宅一郎（一九八三）「世論調査データの公開を望む」、『木鐸』九号。

三宅一郎（一九八四）「共同研究の方法論」、『立命館産業社会論集』四〇号。

三宅一郎（一九八五a）『政党支持の分析』創文社。

三宅一郎（一九八五b）「ローパーセンター所蔵日本関係データリスト」、『同志社法学』三六巻六号。

三宅一郎（一九九〇）『投票行動』東京大学出版会。

三宅一郎（一九九六）「実証研究と「再現性」」、『日本政治学会会報』三一号。

三宅一郎（二〇〇一）「あとがき」、三宅一郎・西澤由隆・河野勝『五五年体制下の政治と経済』木鐸社。

三宅一郎（二〇一七）「故京極純一会員追悼の辞」、『日本学士院紀要』七一巻三号。

三宅一郎編（一九七三）『社会科学のための統計パッケージ』東洋経済新報社。

三宅一郎・村松岐夫編（一九八一）『京都市政治の動態』有斐閣。

三宅一郎・山口定・村松岐夫・進藤榮一（一九八五）『日本政治の座標』有斐閣。

三宅一郎編（一九八一）『合理的選択の政治学』ミネルヴァ書房。

三宅一郎、木下富雄、間場寿一（一九六五）「政治意識構造論の試み」、『年報政治学』一九六五年度。

三宅一郎、木下富雄、間場寿一（一九六七）『異なるレベルの選挙における投票行動の研究』創文社。

民間政治臨調（一九九三）『日本変革のヴィジョン』講談社。

村松岐夫（一九八一）『戦後日本の官僚制』東洋経済新報社。

村松岐夫（一九八二）「アメリカの学者の研究生活」、『判例タイムズ』四五三号。

村松岐夫（一九八七）「日本官僚制論へのワンモア・ステップ」、『法学論叢』一二〇巻四、五、六号。

村松岐夫（一九九一）「「小さい政府」圧力下の日本官僚集団」、『法学論叢』一二八巻四・五・六号。

村松岐夫（一九九九）『行政学教科書』有斐閣。

村松岐夫（二〇〇三）「政治学の窓から⑨　共同研究：自発性と外発性」、『書斎の窓』五二九号（『政と官の五十年』第一法規、二〇一九年、所収）。

村松岐夫（二〇一〇）『政官スクラム型リーダーシップ

の崩壊』東洋経済新報社。

村松岐夫（二〇一四）「戦後体制」、福永文夫・河野康子編『戦後とは何か（上）』丸善出版。

村松岐夫・伊藤光利・辻中豊（一九九二）『日本の政治』有斐閣。

村松岐夫・猪口孝・大嶽秀夫・蒲島郁夫・福井治弘（一九九八）「日本の政治学と『レヴァイアサン』の一〇年」、『レヴァイアサン』臨時増刊。

村松岐夫・西澤由隆（二〇一三）「選挙と投票行動の研究」、『科研費NEWS』二〇一三年度一号。

メリアム、チャールズ・E、中谷義和監訳・解説（一九九六）『政治学の新局面』三嶺書房。

森田一（二〇一〇）『心の一燈』第一法規。

文部省大学学術局（一九五〇）『日本人文科学の新しい進路――米国人文科学顧問団報告書』学術資料刊行会。

山川暁夫（一九七六）「リヴァイアサンの尾」、『現代の眼』一七巻五号。

山川雄巳（一九八二）『アメリカ政治学研究　増補版』世界思想社。

山川雄巳（一九八五）「書評　政治意識の解剖学――三宅一郎著『政党支持の分析』を読む」、『創文』二六〇号。

山川雄巳（一九八七）「日本の政治学――その歴史と現状」、『関西大学法学論集』三七巻二・三号。

山口二郎（一九九三）『政治改革』岩波新書。

山口二郎（二〇二三）『民主主義へのオデッセイ』岩波書店。

山口定（一九八五）「戦後日本の政治体制と政治過程」、三宅一郎・山口定・村松岐夫・進藤榮一『日本政治の座標』有斐閣。

山口定（一九八九）『政治体制』東京大学出版会。

山口定・大嶽秀夫（一九八五）「対談　戦後日本の保守政治」、『書斎の窓』三五〇号。

山崎正和（二〇一七）『舞台をまわす、舞台がまわる』中央公論新社。

山田竜作（二〇〇四）『大衆社会とデモクラシー』風行社。

油井大三郎（二〇一六）『増補新装版　未完の占領改革』東京大学出版会。

吉田健一（二〇一八）『「政治改革」の研究』法律文化社。

吉野作造（一九九六）『吉野作造選集一五』岩波書店。

吉村正（一九八二）『政治科学の先駆者たち』サイマル出版会。

吉村正ほか（一九五九）「投票行動の研究――昭和三三年五月総選挙の実態調査」、『社会科学討究』四巻一・二号。

吉村正ほか（一九六二）「投票行動の研究――昭和三五年一一月総選挙の実態調査」、『社会科学討究』六巻二・三号。

ライプホルツ、G、清水望・渡辺重範訳（一九七七）『現代政党国家』早稲田大学出版部。

ラザースフェルド、ポール、バーナード・ベレルソン、ヘーゼル・ゴーデット、有吉広介監訳（一九八七）『ピープルズ・チョイス』芦書房。

ラスウェル、H・D、永井陽之助訳（一九五四）『権力と人間』東京創元社。

蠟山政道（一九三三）『日本政治動向論』高陽書院。

蠟山政道（一九五二）『政治学原理』岩波全書。

蠟山政道（一九四八）『農村自治の変貌』農林省農業綜合研究所。

蠟山政道（一九四九）『日本における政治意識の諸様相』勁草書房。

蠟山政道（一九五二）『政治学原理』岩波全書。

蠟山政道（一九六八）『日本における近代政治学の発達』ぺりかん社。

蠟山政道（一九七九）『政治学の任務と対象』中公文庫。

蠟山政道ほか（一九四九）「総選挙の実態」、『朝日評論』四巻四号。

蠟山政道編（一九四九）『政治意識の解剖』朝日新聞社。

蠟山政道ほか（一九六六）『小選挙区制』潮新書。

蠟山政道・鵜飼信成・辻清明・川原次吉郎・中村菊男編（一九五五）『総選挙の実態』岩波書店。

蠟山政道・中村哲・堀豊彦・辻清明・岡義武・丸山眞男（一九五〇）「日本における政治学の過去と将来」、『日本政治学会年報　政治学』一九五〇年度。

若尾信也（二〇〇四）「「公的熟慮」の意義と可能性：年金制度を巡る実証分析」『選挙学会紀要』三号。

渡部純（二〇一〇）『現代日本政治研究と丸山眞男』勁草書房。

渡辺浩（一九九八）「今年度研究会の企画について」『日本政治学会会報』三五号。

渡辺浩（二〇〇三）「序論――なぜ「性」か。なぜ今か。」、『年報政治学』二〇〇三年度。

渡部福太郎・田口富久治・いいだもも（一九六八）「論壇・一九六八年」、『エコノミスト』四六巻五三号。

綿貫譲治（一九八〇）「大嶽秀夫『現代日本の政治権力経済権力』に寄せて」、『社会科学の方法』一三巻一〇号。

●外国語文献

American Political Science Association（1904）"The Organization of the American Political Science Association", *Proceedings of the American Political Science Association*, Vol. 1.
Campbell, A., Converse, P., Miller, W. and Stokes, D.（1960）*The American Voter*, Survey Research Center,

University of Michigan.

Deutsch, Karl W., (1963) *The Nerves of Government*, The Free Press. (伊藤重行・佐藤敬三・高山巖・谷藤悦史・藪野祐三訳『サイバネティクスの政治理論』早稲田大学出版部, 一九八六年)

Gosnell, Harold (1927) *Getting out the Vote; an Experiment in the Stimulation of Voting*, The University of Chicago Press.

Inoue Akira, Zenkyo Masahiro, and Sakamoto Haruya (2021) Making the Veil of Ignorance Work: Evidence from Survey Experiments., In: *Oxford Studies in Experimental Philosophy Volume 4*. Edited by: Tania Lombrozo, Joshua Knobe, and Shaun Nichols, Oxford University Press.

IPSA (2018) *IPSA Gender and Diversity Monitoring Report 2017*.

Iwamoto Misako (2001) The Madonna Boom: The Progress of Japanese Women into Politics in the 1980s, *PS : Political Science & Politics*, (34) 2.

Kabashima Ikuo and Jeffrey Broadbent, (1986) Referent Pluralism: Mass Media and Politics in Japan, *The Journal of Japanese Studies*, Vol. 12, No. 2.

Muramatsu, M. and Krauss, E., (1984) Bureaucrats and Politicians in Policymaking: The Case of Japan, *The American Political Science Review*, Vol. 78.

Nishikawa Masaru, Daisuke Sakai and Akira Matsui (forthcoming) The Impact of the Internationalization of Political Science on Publishing in Two Languages: The Case of Japan, 1971–2023, *Scientometrics*.

Ogata, N. and Takabatake, M. (1964) *The graphic analysis of JIBAN (support for candidate) in Japanese election*, St. Paul's University. (立教大学図書館所蔵)

Pempel, T. J., ed., (1990) *Uncommon Democracies*, Cornell University Press.

Peter B. Evans, Dietrich Rueschemeyer, Theda Skocpol eds, (1985) *Bringing the State back in*, Cambridge University Press.

Ricci, David M. (1987) *The Tragedy of Political Science: Politics, Scholarship, and Democracy*, Yale University Press.

Steele, Jackie F. (2016) Japanese Political Science at a Crossroads? Normative and Empirical Preconditions for the Integration of Women and Diversity into Political Science. *European Political Science*, vol.15, no.4.

Stephan, Paula. (2010) The Economics of Science, in *Handbook of the Economics of Innovation*, Elsevier.

Lowi, Theodore J. (1964) American Business, Public

Policy, Case Studies and Political Theory, *World Politics*, vol. 16, issue 4.
Lowi, Theodore J. and Tarrow, Sidney G.（1980）The 1981 APSA Annual Meeting Program: Some Thoughts and Suggestions, *PS: Political Science & Politics*, 13(4), pp. 436-437.

●新聞・雑誌
「主権者たる自覚」、『朝日新聞』一九四九年一月一日朝刊。

「総選挙への態度」、『朝日新聞』一九四九年一月一九日朝刊。

「学問の動き　政治学①〜③」、『朝日新聞』一九六五年四月一二〜一四日夕刊。

「今日の問題　風見鶏の向き」、『朝日新聞』一九八六年二月一五日夕刊。

「今日の問題　論争のルール」、『朝日新聞』一九八六年二月二六日夕刊。

「衆院の小選挙区比例制「並立型」を確認」、『朝日新聞』一九九〇年四月四日。

「小選挙区6比例区4「衆院」骨格固まる」、『朝日新聞』一九九〇年四月五日夕刊。

「ニッポン人脈記　民の心を測る」、『朝日新聞』二〇〇八年一二月一一日夕刊。

「再編成段階のマルクス政治学」、『エコノミスト』一九六七年二月七日号。

「いま、女のSEXに市民権を。」、『クロワッサン』一九八二年四月一〇日号。

「『圧力団体』とは何か」、『中央公論』一九五八年五月号。

「身をもって女性問題を研究　新書本を読む会世話人　法学部院生　岩本美砂子さん」、『名古屋大学新聞』一九八三年一一月一〇日。

「政治学の新しい波」、『日本経済新聞』一九八七年一一月一日朝刊。

「政治学の新しい動向」、『日本読書新聞』一九五七年八月二六日。

「ミニ解説　五五年体制」、『読売新聞』一九八〇年五月一八日朝刊。

「『日本選挙学会』の理事長になった富田信男さん」、『読売新聞』一九八一年一〇月四日朝刊。

「国際化の中での『現実把握』の難しさ」、『読売新聞』一九八七年一〇月二九日夕刊。

「『レヴァイアサン・データバンク』設立のお知らせ」、『レヴァイアサン』八号、一九九一年。

●その他資料
「日本政治学会設立総会案内」、国立国会図書館憲政資料室所蔵『佐々弘雄関係文書』資料番号一五八四。

「政治学研究会趣意書」、『政治学研究』一号、一九四八年。
「第八次選挙制度審議会第五・六回総会関係」、『選挙時報』三九巻四号、一九九〇年。
「佐藤誠三郎　意見」、『三木武夫関係資料』資料番号四八三一－〇七。
国会会議録。

主要人名索引

酒井大輔（さかい・だいすけ）

1984年愛知県生まれ．名古屋大学法学部卒業．同大学院法学研究科修士課程修了．現在は国家公務員．専門は日本政治学史．
共編著『日本政治研究事始め——大嶽秀夫オーラル・ヒストリー』（ナカニシヤ出版，2021年）
論文「戦後政治学の諸潮流」（『政治思想研究』21号，2021年．政治思想学会研究奨励賞）
「日本政治学史の二つの転換」（『年報政治学』2017-Ⅱ号）ほか

日本政治学史《にほんせいじがくし》
中公新書 *2837*

2024年12月25日発行

著　者　酒井大輔
発行者　安部順一

本文印刷　三晃印刷
カバー印刷　大熊整美堂
製　本　小泉製本

発行所　中央公論新社
〒100-8152
東京都千代田区大手町 1-7-1
電話　販売　03-5299-1730
　　　編集　03-5299-1830
URL https://www.chuko.co.jp/

Published by CHUOKORON-SHINSHA, INC.
Printed in Japan　ISBN978-4-12-102837-2 C1231

中公新書

政治・法律

h1

- 125 法と社会　碧海純一
- 819 アメリカン・ロイヤーの誕生　阿川尚之
- 2773 実験の民主主義　宇野重規
- 2347 代議制民主主義　待鳥聡史
- 2631 現代民主主義　山本圭
- 1905 日本の統治構造　飯尾潤
- 2691 日本の国会議員　濱本真輔
- 2537 日本の地方政府　曽我謙悟
- 2558 日本の地方議会　辻陽
- 1687 日本の選挙　加藤秀治郎
- 2752 戦後日本政治史　境家史郎
- 1845 首相支配―日本政治の変貌　竹中治堅
- 2651 政界再編　山本健太郎
- 2428 自民党―「一強」の実像　中北浩爾
- 2695 日本共産党　中北浩爾
- 2233 民主党政権 失敗の検証　日本再建イニシアティブ
- 2101 国会議員の仕事　林芳正　津村啓介
- 2418 沖縄問題―リアリズムの視点から　高良倉吉編著
- 2439 入門 公共政策学　秋吉貴雄
- 2620 コロナ危機の政治　竹中治堅
- 2837 日本政治学史　酒井大輔